바글바글 와글와글

작지만 강한 미생물

바글바글 와글와글 작지만 강한 미생물

초판 2쇄 발행 2025년 5월 1일

글쓴이 백은영
그린이 정기현

편집 박주원
디자인 이현미

펴낸이 이경민
펴낸곳 ㈜동아엠앤비
출판등록 2014년 3월 28일(제25100-2014-000025호)
주소 (03972) 서울특별시 마포구 월드컵북로22길 21, 2층
전화 (편집) 02-392-6901 (마케팅) 02-392-6900
팩스 02-392-6902
전자우편 damnb0401@naver.com
SNS

ISBN 979-11-6363-658-8(73300)

뭉치 MoongChi Books
도서출판 뭉치는 ㈜동아엠앤비의 어린이 출판 브랜드로, 아이들의 지식을 단단하게 만들어 주고, 아이들의 창의력과 사고력을 키워 주어 우리 자녀들이 융합형 창의 사고뭉치로 성장할 수 있도록 좋은 책을 만들겠습니다.

바글바글 와글와글

작지만 강한 미생물

글쓴이 백은영 그린이 정기현

뭉치
MoongChi Books

펴내는 글

미생물이란 무엇일까?

미생물은 우리에게 어떤 영향을 끼칠까?

선생님의 질문에 교실은 일순간 조용해지기 시작합니다. 인내심이 한계에 다다른 선생님께서 콕 집어 누군가의 이름을 부르는 순간 내가 걸리지 않았다는 안도감에 금세 평온을 되찾지요. 많은 사람 앞에서 어떻게 말을 해야 할까 고민 한번 해 보지 않은 사람은 없을 겁니다.

사람들 앞에서 자신의 생각을 조리 있게 전달하는 기술은 국어 수업 시간에만 필요한 것이 아닙니다. 학교 교실뿐만 아니라 상급 학교 면접 자리 또는 성인이 된 후 회의에서도 자신의 의견을 분명히 표현할 수 있어야 합니다. 하지만 어디서부터 시작해야 할지 몰라 입을 떼는 일이 쉽지 않습니다. 혀끝에서 맴돌다 삼켜 버리는 일도 종종 있습니다. 얼떨결에 한마디 말을 하게 되더라도 뭔가 부족한 설명에 왠지 아쉬움이 들 때도 많습니다.

논리적 사고 과정과 순발력까지 필요로 하는 토론장에서 자신만의 목소리를 내려면 풍부한 배경지식은 기본입니다. 게다가 고학년으로 올라가서 배우는 수업과 진학 시험에서의 논술은 교과서 속의 내용만을 요구하지 않습니다. 또한 상대의 의견을 받아들이거나 비판하기 위해서도 의견의 타당성과 높은 수준의 가치 판단을 해야 하는 경우가 많은데, 자신의 입장을 분명히 하기 위해선 풍부한 자료와 논거가 필요합니다.

토론왕 시리즈는 사회에서 일어나는 다양한 사건과 시사 상식 그리고 해마다 반복되는 화젯거리 등을 초등학교 수준에서 학습하고 자신의 말로 표현할 수 있도록 기획되었습니다. 체계적이고 널리 인정받은 여러 콘텐츠를 수집해 정리하였고, 전문 작가들이 학생들의 발달 상황에 맞게 스토리를 구성하였습니다. 개별적으로 만들어진 교과서에서는 접할 수 없는 구성으로 주제와 내용을 엮어 어린 독자들이 과학적 사고뿐만 아니라 문제 해결력, 비판적 사고력을 두루 경험할 수 있도록 하였습니다. 폭넓은 정보를 서로 연결 지어 설명함으로써 교과별로 조각나 있는 지식을 엮어 배경지식을 보다 탄탄하게 만들어 줍니다. 뿐만 아니라 국어를 기본으로 과학에서부터 역사, 지리, 사회, 예술에 이르기까지 상식과 사회에 대한 감각을 익히고 세상을 올바르게 바라보는 눈도 갖게 할 것입니다.

『바글바글 와글와글 작지만 강한 미생물』은 흑마녀와 마술 거울이 징그러운 미생물을 모두 소탕하기 위해 미생물 모험을 떠나는 것으로 시작합니다. 하지만 미생물은 어디에나 있었지요. 성 안에도, 연못 속에도, 심지어 우리의 몸속에도 미생물은 넘쳐납니다. 흑마녀와 마술 거울은 세상 곳곳을 살펴보며 미생물의 종류와 생김새, 우리에게 유익한 미생물과 해로운 미생물, 그리고 미생물이 하는 중요한 역할들을 알아가지요. 여러분도 함께 미생물 모험을 떠나 보며 미생물의 모든 것을 속속들이 알아봅시다.

편집부

차례

거울아, 세상에서 가장 강한 게 누구지?
잘 자고 있는데 대체 누구야?
뭐야. 백설 공주를 괴롭히던 새 왕비의 후손이시군.
시끄러워! 이제 이 성의 주인은 나이니 너 또한 내 것이다.
네, 주인님. 왜 저를 깨우셨을까요?
거울아, 거울아. 세상에서 가장 강한 게 누구지?
그것참. 새 왕비도 꼭 저러고 묻더니 그것까지 흉내를 내네.
동작 그만! 투표할 시간입니다. 세상에서 가장 강한 자의 이름을 적으면 됩니다.
일도 많은데 왜 귀찮게 이런 걸 시키는 거야?
새 왕비의 후손이라잖아.
백설 공주에게 독사과를 먹였던 그 새 왕비? 아이고 무서워라.

1위 흑마녀
2.위 늑대인간
3.위 드라큘라
역시 세상에서 가장 강한 건 바로 나야.
응? 미생물? 이게 누구지?
미생물
일억, 십억…… 천억? 이 망할 거울이 고장 난 게 분명해!
아이고. 왜 이러십니까?
이 성에 천 억이나 되는 생물이 살 리 없잖아! 내가 바보인 줄 알아?
이 방 안에 사는 미생물만 그 정도인데요?
아무도 없잖아! 날 지금 놀리는 거지?
마법 안경입니다. 일단 써 보시죠.
으아악! 괴물이야!!!!!

1장

천하무적 미생물의 정체를 밝혀라!

온 사방에 버글대는 미생물

새까만 대리석으로 지어진 궁전의 가장 높은 탑에서 흑마녀는 하마터면 울음을 터트릴 뻔했어요.

여기저기 괴상하게 생긴 괴물이 우글거리지 뭐예요.

"괴물이 아니라 미생물이라니까요. 이제 보니까 겁쟁이시네."

마술 거울이 손사래를 치자 흑마녀는 정신이 번쩍 들었어요.

'이래서는 안 돼! 다른 마녀들이 알면 날 비웃을 거야.'

흑마녀는 '세상에서 가장 사악한 마녀를 위한 학교'를 졸업했어요. 그곳을 나온 마녀들은 하나같이 최고의 악당이었고 무시무시할 정도로 강력한 마법을 부릴 수 있었지요.

그러니 별일 아닌 척 이 정도 문제는 해결해야 해요.

'하지만 너무 징그럽게 생겼는걸!'

흑마녀는 고민하다 번쩍 좋은 생각을 떠올렸어요.

"당장 왕국의 모든 사냥꾼을 불러 모아라!"

문밖에 서 있던 시종장이 후다닥 뛰어나갔어요.

다음 날이 되자 왕국의 이름난 사냥꾼들이 하나둘 옥좌가 놓인 방에 들어섰어요.

"지금부터 이 궁전에 있는 미생물들을 모조리 사냥하도록 해!"

흑마녀가 사악하게 웃으며 말하자마자 가장 나이 많은 사냥꾼이 손을 번쩍 들었어요.

"대체 미생물이란 게 뭡니까?"

마술 거울은 기다렸다는 듯이 입을 열었지요.

"눈에 보이지 않을 만큼 작은 생물을 미생물이라고 부른답니다."

"맙소사. 보이지 않는 걸 어떻게 사냥합니까?"

사냥꾼 중 한 명이 묻자 거울이 씩 웃었어요.

"도망가지 않겠다고 약속하면 보게 해 드리죠."

사냥꾼들의 표정이 험악해졌어요.

"우리를 겁쟁이 취급하다니! 우리는 사자와 악어를 사냥해 본 적이 있다! 독수리와 상어도 사냥해 보았고!"

"미생물도 동물만큼이나 종류가 다양하죠."

마술 거울이 탁! 손가락을 튕기자 사람 손이 닿은 곳마다 우글거리는 무언가가 또렷하게 보였어요.

"미생물 중 우리 주변에 가장 흔한 세균이랍니다. 흙 한 숟가락에 보

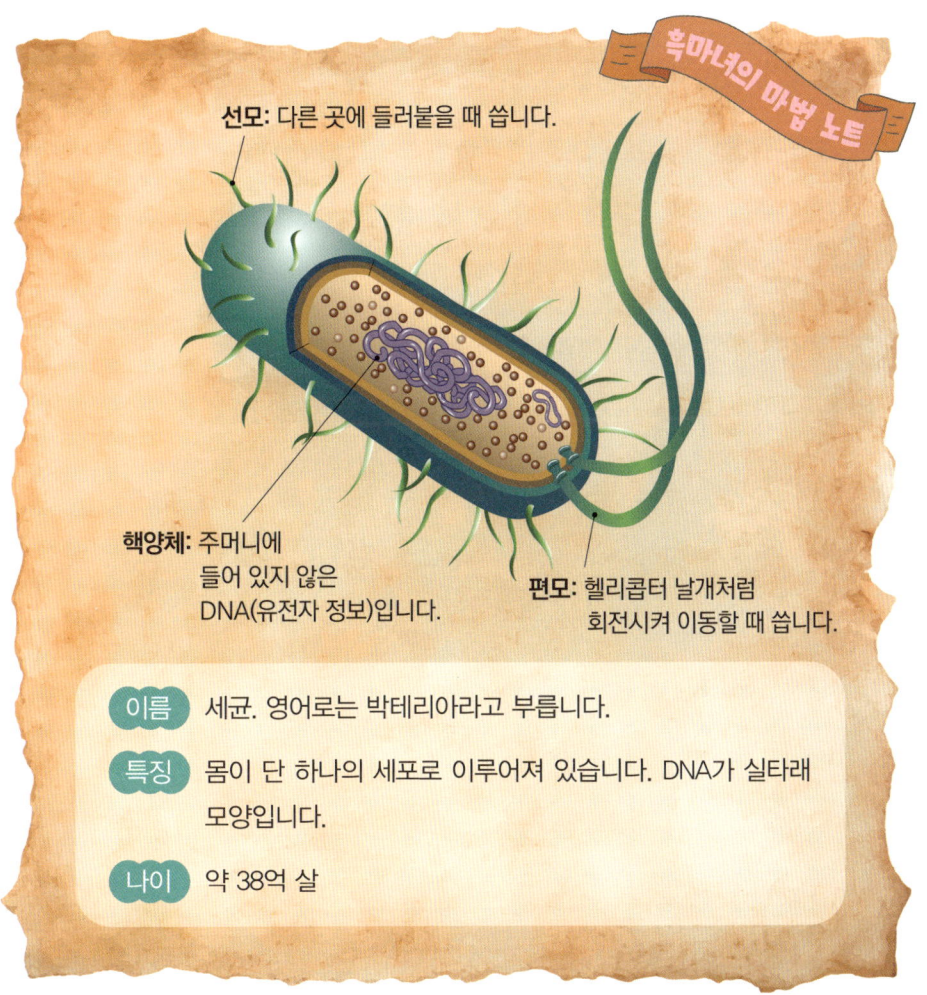

흑마녀의 마법 노트

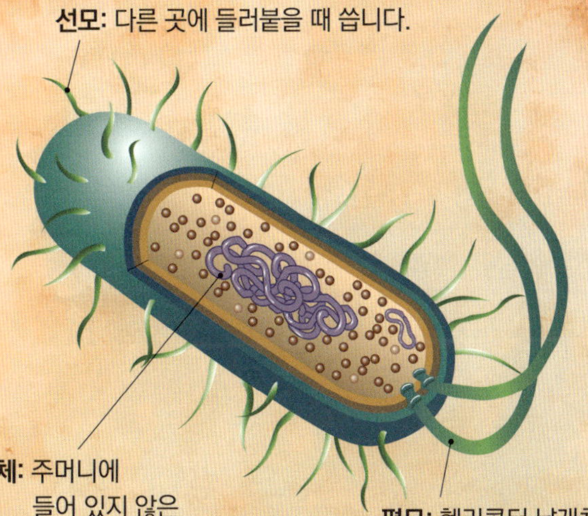

이름 세균. 영어로는 박테리아라고 부릅니다.

특징 몸이 단 하나의 세포로 이루어져 있습니다. DNA가 실타래 모양입니다.

나이 약 38억 살

통 1억 마리 이상이 살죠."

여기저기서 신음이 흘러나오더니 후다닥 사냥꾼의 반이 도망쳤어요.

"이런! 곤란하네. 그럼 사냥하기 쉽게 눈에 보이는 미생물을 알려 드리죠."

마술 거울이 히죽 웃으며 다시 손가락을 튕기자 벽지에서 기어오르는 무언가가 쑥쑥 커졌어요.

"미생물이 아니라고 착각하기 쉬운 곰팡이입니다. 사실 저건 실처럼 길게 자라나는 균사 수만 개가 뭉친 덩어리죠. 뭉치고 뭉쳐서 커다란 덩어리가 된 걸 버섯이라고 부른답니다."

"거짓말! 버섯이 곰팡이라니. 우웩!"

평소 버섯을 즐겨 먹는 사냥꾼들이 헛구역질해 대자 마술 거울이 덧붙였어요.

"아니, 왜들 그러세요? 아침으로 곰팡이의 친척뻘인 효모를 잔뜩 넣은 맥주랑 빵을 실컷 먹고 오셨으면서."

그러자마자 사냥꾼들이 웩웩 대며 뛰어나갔어요.

"거울아, 거울아. 너 일부러 그러는 거 아니지?"

그때까지 보고만 있던 흑마녀가 험악하게 물었어요. 이제 남은 사냥꾼이 얼마 되지 않았거든요.

"그럴 리가요! 감히 제가 겁쟁이 마녀님 앞에서……. 아이고, 실수했

흑마녀의 마법 노트

포자: 씨앗이 되는 세포입니다.
균사: 작은 세포들이 실처럼 길게 자라 만들어졌습니다.

이름 곰팡이 가문의 버섯

특징 독이 든 것도 있고, 먹을 수 있는 것도 있습니다. 버섯은 크게 두 가지로 나뉘는데, 나무의 뿌리에 기생하는 버섯과 죽어가는 나무 또는 낙엽을 분해하여 양분을 얻는 버섯이 있습니다.

나이 약 13억 살

네요. 위대한 흑마녀 앞에서 감히 그러겠습니까?"

마술 거울은 싱긋 웃더니 남은 사냥꾼들을 바라보았어요.

"평소 동물을 사냥하시던 분들이니 비슷하게 생긴 녀석부터 시작하면 좀 나으실까요?"

"그렇다면 해볼 만하지!"

사냥꾼들이 기운차게 소리쳤어요.

"다들 연못을 봐 주시겠습니까?"

마술 거울이 손가락을 튕겼어요. 연못 물살이 거세지는가 싶더니 물고기가 자꾸자꾸 커졌어요. 그와 동시에 먼지 한 톨 없이 깨끗하던 물이 뿌옇게 변하고 꾸물꾸물하는 것들이 하나둘 모습을 드러냈어요.

"물속이나 축축한 곳에 사는 원생생물입니다. 지구 최초로 생겨난 생물이란 뜻이죠. 그래서인지 다들 참 단순하게 생겼죠? 슬라임처럼 생긴 저 녀석은 아메바입니다. 손을 쭉쭉 뻗어 움직이죠. 털이 부숭부숭한 짚신벌레도 있네요. 옛날 사람들이 신던 짚신을 닮았다고 붙은 이름이죠. 오! 반달을 닮은 반달말도 있군요."

마술 거울이 들뜬 목소리로 떠들어 댔어요. 하지만 사냥꾼들은 단 한마디도 듣지 못했어요. 두 팔을 번쩍 들어 올리고는 고함을 지르느라 바빴거든요.

"으악! 괴물이다!"

그러더니 걸음아 날 살려라, 쏜살같이 도망쳤어요.

흑마녀는 옥좌에 앉아 부들부들 떨었어요.

"사자도 잡아 본 적 있다고 큰소리를 치더니 겁쟁이 같으니라고!"

그래도 다행히 아직 두어 명의 사냥꾼들이 남아 있었어요. 도망친 사냥꾼들보다 덩치도 배는 좋고 얼굴에는 칼자국이 그득했지요.

"우리가 사냥해야 할 건 이게 다입니까?"

사냥꾼 중 가장 험악하게 생긴 남자가 물었어요. 마술 거울은 히죽 웃더니 손가락 하나를 척 들었어요.

"사람들이 세상에서 가장 무서워하는 바이러스를 빼놓아선 안 되죠. 바이러스는 세균보다 백만 배나 작아요. 세포 없이 단백질로 된 주머니 안에 유전 물질만 들었어도 다른 동식물의 세포를 조종하는 힘을 가졌지요."

"신기하네. 마법이라도 부리는 거야?"

흑마녀의 질문에 마술 거울은 들었던 손가락을 좌우로 까닥거렸지요.

"그럴 리가요. 바이러스는 그저 입맛에 맞는 세포를 골라 안에 든 DNA(유전자 정보)를 파괴한 뒤 자신의 유전자를 집어넣을 뿐입니다. 그러고 나면 그 세포는 바이러스를 대량으로 만드는 공장으로 변하죠."

"다른 동식물에 기생한다는 거군. 영리하네."

"정답입니다. 보이지도 않는 데다 인간의 세포를 양분 삼아 수를 불릴 수 있으니 이보다 두려운 적은 없죠."

마술 거울이 그렇게 말하고는 흐흐흐, 음침하게 웃자 방 안에 싸늘한 바람이 휘몰아쳤어요.

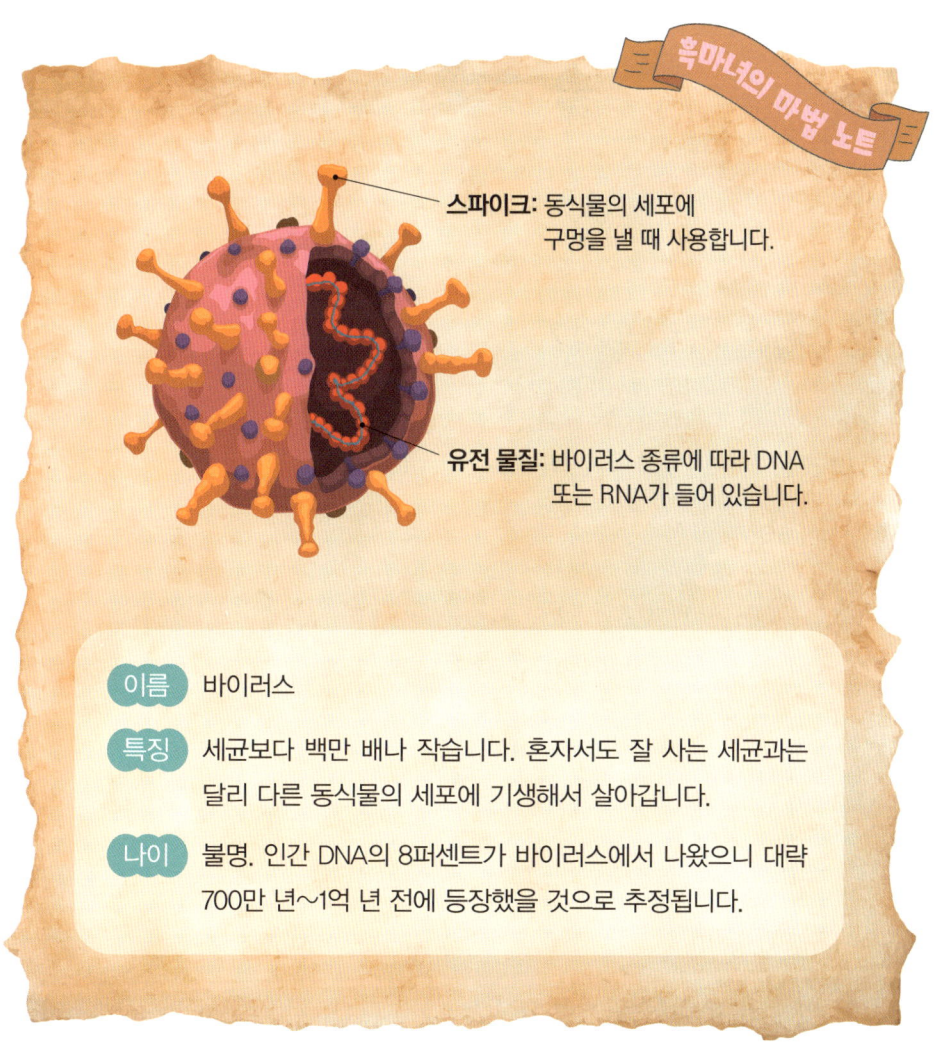

흑마녀의 마법 노트

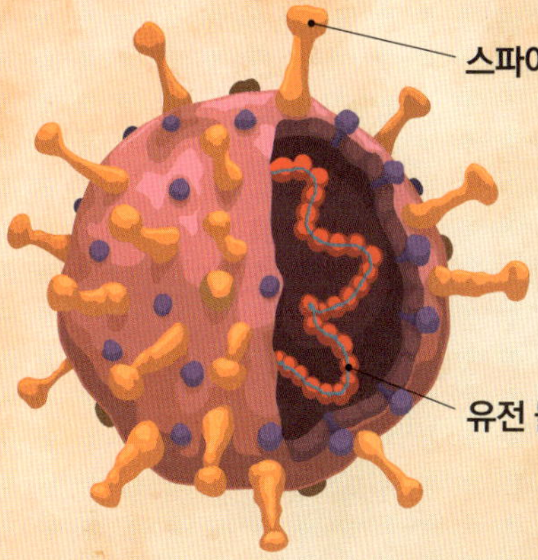
스파이크: 동식물의 세포에 구멍을 낼 때 사용합니다.
유전 물질: 바이러스 종류에 따라 DNA 또는 RNA가 들어 있습니다.

이름 바이러스

특징 세균보다 백만 배나 작습니다. 혼자서도 잘 사는 세균과는 달리 다른 동식물의 세포에 기생해서 살아갑니다.

나이 불명. 인간 DNA의 8퍼센트가 바이러스에서 나왔으니 대략 700만 년~1억 년 전에 등장했을 것으로 추정됩니다.

세균은 천하무적?

사냥꾼들이 서로 얼굴을 마주 보며 마른침을 꼴깍 삼켰어요.

"왜들 그러지?"

흑마녀가 눈을 부라리자 가장 험상궂게 생긴 사냥꾼이 얼른 말했어요.

"아닙니다. 사냥해야 할 미생물이 너무 많아서 말입니다. 이 성에 있는 미생물 중 어느 놈부터 시작해야 할지 모르겠네요."

마술 거울이 손을 들어 쇠 덩굴로 장식된 제 머리를 긁적거렸어요.

"흠. 어디 보자. 숫자로만 보자면 세균일 테고 보이는 거로 치자면 곰팡이죠. 곰팡이란 놈은 조금만 방심하면 어디든 자라나서 이 성의 일꾼들이 아주 골머리를 앓거든요."

순간 흑마녀의 머릿속에 아까 봤던 곰팡이가 떠올랐어요. 부숭부숭한 곰팡이가 시커멓게 벽을 덮어 가는 모습은 웬만한 괴물 저리 가라 할 정도였죠.

'그런 게 어디든 자라난다고? 징그러워!'

흑마녀는 행여 마술 거울이 다시 제대로 보게 해 주겠다고 할까 봐 소리쳤어요.

"됐어. 곰팡이는 징그러워서 만지고 싶지 않아. 차라리 세균이 낫겠어. 세균에 대해 뭐든 말해 봐. 적을 알고 나를 알면 백전백승인 법이지."

"역시 위대하신 흑마녀 님이십니다."

흑마녀는 씩 웃고는 마술 거울을 바라봤어요. 마술 거울은 고개를 까닥였어요.

“세균에 대해 말씀 올리겠습니다. 에, 그러니까 세균이란 놈은 질긴 생명력을 가졌답니다. 환경이 나빠지면 잠이 드는데 무려 2억 5천만 년을 자도 멀쩡하게 깨어난다더군요. 게다가 어느 정도 자란 세균은 둘로 나뉘어 두 마리가 됩니다. 그 둘이 나뉘어 네 마리가 되고 그런 식으로 제 숫자를 무시무시한 속도로 올리죠.”

“얼마나 빠릅니까?”

사냥꾼 중 한 명이 황급히 묻자 마술 거울이 기다렸다는 듯이 반질반질한 제 몸 위에 엄청난 숫자를 써 내려갔어요.

47해 2,236경 6,482조
8,696억 5000만개

"보통은 한 시간에서 세 시간 정도가 걸린답니다. 하지만 빠른 놈은 약 20분마다 한 번씩 세포 분열을 합니다.

그러니 계산해 보자면 단 하루 만에 47해 2,236경 6,482조 8,696억 5,000만 개까지 늘어날 수 있다는 결론이 나오죠."

"그건 꼭 소문으로만 듣던 분신 마법 같네요."

사냥꾼들이 슬금슬금 뒷걸음질하며 중얼거렸어요. 마술 거울은 히죽거리며 손사래를 쳤어요.

"이 정도로 놀라시면 곤란하죠. 진짜 재주는 따로 있어요. 세균끼리는 제 몸에 든 DNA를 자유자재로 주고받는답니다. 그렇게 해서 손쉽게 변신을 거듭하지요."

"그게 굉장한 거야? 어차피 다들 끔찍하게 생겼잖아."

흑마녀가 코웃음을 치자 마술 거울이 눈을 부라렸어요.

"뭘 모르셔. 그런 식으로 약점을 고쳐 나가는 거라고요. 상대하는 적에 맞추어 점점 강해지는 거죠."

"그러니까 세균들은 내가 적이란 걸 알자마자 나를 공격할 최고의 무기를 순식간에 만들어 낼 수도 있다?"

"네! 바로 그겁니다. 여기 있는 사냥꾼들 정도면 아마도 1분만 지나도 세균들이 꿀꺽!"

마술 거울이 외침과 동시에 사냥꾼들이 으악, 비명을 질렀어요. 그도

모자라 달달 떠는 걸 보고 있자니 흑마녀는 분통이 터졌어요.

"에잇! 당장 나가!"

"감사합니다!"

사냥꾼들이 살았다는 얼굴로 후다닥 사라졌어요. 흑마녀는 옥좌에서 벌떡 일어서며 선언했어요.

"세균은 내가 직접 사냥하겠다!"

미생물이 수를 늘리는 방법

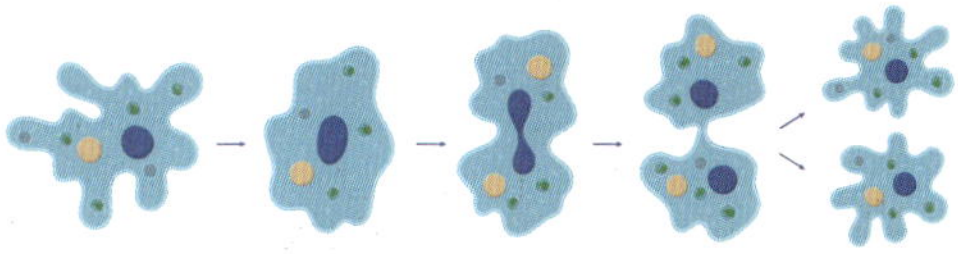

아메바

우리는 몸을 둘로 나눌 수 있어! 그래서 우리의 번식 방법을 이분법이라고 부르지. 먼저 핵이 나뉘고, 다음에 나머지 부분이 갈라져.

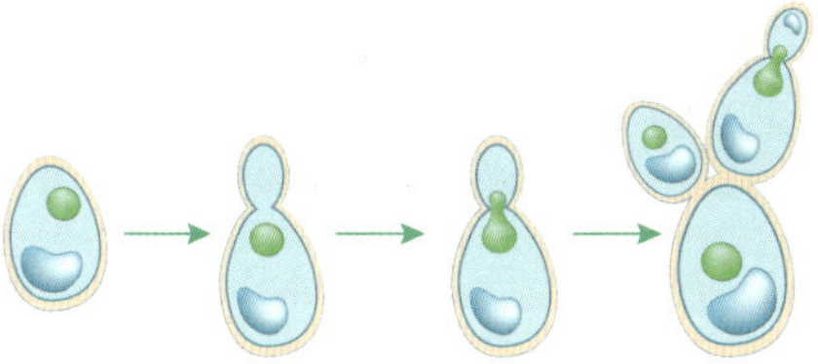

효모

곰팡이의 친척인 우리는 몸으로 씨앗을 만들어 낼 수 있어. 그래서 씨앗을 낳는다는 뜻인 출아법으로 수를 늘려.

곰팡이

우리는 균사 끝에 달린 포자를 바람에 날려 보내. 포자는 씨앗처럼 땅에 뿌리를 내리고 자라지.

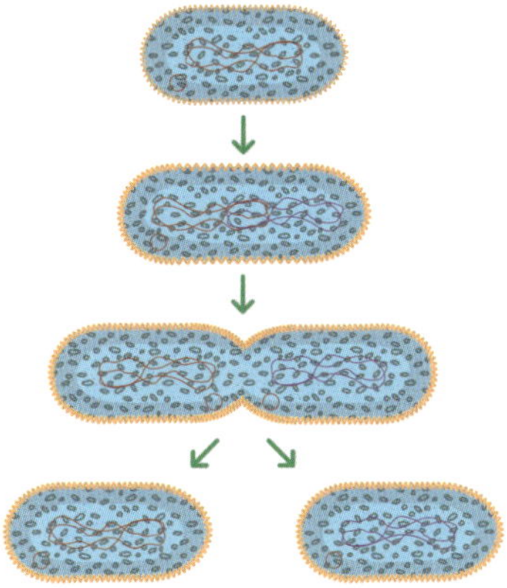

세균

우리는 몸에 든 DNA를 둘로 분열시킬 수 있어. 그러고 나면 나와 똑같은 세균을 하나 더 만들 수 있지.

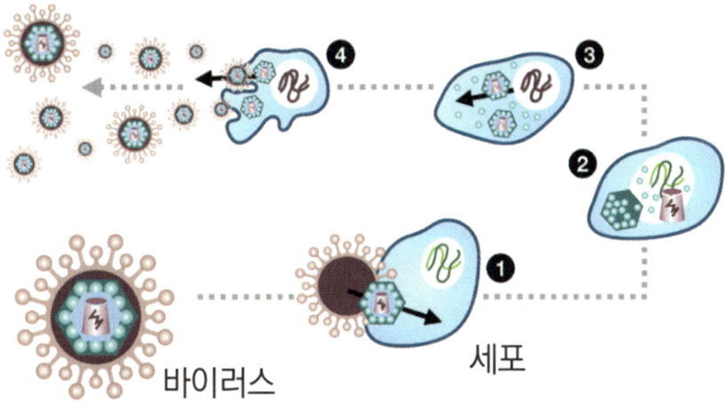

바이러스

난 동식물 세포를 감염시켜 우리 종족의 수를 늘리는데, 이를 증식이라고 해.

바이러스의 증식 과정

❶ 스파이크를 이용해 숙주 세포에 달라붙어 구멍을 낸다.

❷ 단백질 주머니가 녹으면서 안에 든 유전 물질을 세포 안으로 들여보낸다.

❸ 목표 세포의 유전 물질을 파괴하고 유전 물질의 수를 늘린다.

❹ 새롭게 탄생한 바이러스들은 세포막을 찢고 밖으로 탈출한다.

바이러스는 생물일까? 무생물일까?

네덜란드의 과학자 베이에링크가 바이러스를 처음 발견한 그날부터 과학자들은 골머리를 앓았다고 해요.

왜지? 바이러스에게 무언가 특별한 게 있었나?

바이러스는 세균이나 곰팡이 같은 다른 미생물과는 달라도 너무 달랐거든요.

어떤 점이 달랐던 거야? 좀 더 자세히 말해 봐.

우선 겉 모습 같은 경우, 세균은 대부분 타원형으로 비슷하게 생겼어요. 하지만 바이러스는 크기도 모양도 제각각이었지요. 속 모습도 세균은 다른 생물과 마찬가지로 몸이 세포로 이루어져 있지만 바이러스는 세포가 아닌 단백질 주머니로 만들어졌고요.

그럼 공통점은 없었나? 비슷한 점은 있을 거 아냐!

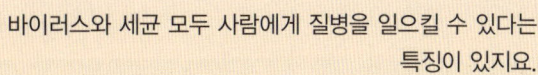

바이러스와 세균 모두 사람에게 질병을 일으킬 수 있다는 특징이 있지요.

그 정도는 나도 알아. 다른 공통점은 없어?

둘 다 생물의 특징인 DNA나 RNA라는 유전자 물질이 들어 있다는 점도 공통점이랍니다.

속을 들여다보면 바이러스는 생물처럼 보이기도 하네.

그 밖에도 바이러스만의 특징은 다른 미생물과 달리 평소에는 죽은 듯 꼼짝도 하지 않다가 살아 있는 생물을 만나면 그 즉시 깨어나요.

아주 끈질긴 녀석이구나. 모두 없애 버려야겠어!

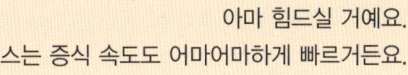

아마 힘드실 거예요.
바이러스는 증식 속도도 어마어마하게 빠르거든요.

그럼 도대체 이 녀석은 어떻게 없애야 하는 거야?

마치 좀비처럼 살아가는 바이러스는 과연 생물일까요? 무생물일까요? 여러분의 생각을 적어 보세요.

퀴즈 맞히기

사진과 그림을 보고 설명에 알맞은 단어를 보기에서 골라 써넣으세요.

〈보기〉 세균, 원생생물, 버섯, 바이러스

❶ 영어로는 박테리아라고 불린다. 몸이 단 하나의 세포로 이루어져 있으며 DNA가 실타래 모양이다.

❷ 독이 든 것도 있고 먹을 수 있는 것도 있다. 이것은 크게 나무의 뿌리에 기생하는 것과 죽어가는 나무 또는 낙엽을 분해하여 양분을 얻는 것이 있다.

❸ 물속이나 축축한 곳에 사는 생물로 지구 최초로 생겨났다. 아메바와 짚신벌레, 반달말 등이 있다.

❹ 세균보다 백만 배 작으며 혼자서도 잘 사는 세균과 달리 다른 동식물의 세포에 기생해서 살아간다.

정답

❶세균 ❷버섯 ❸원생생물 ❹바이러스

2장

세균의 약점을 찾아라!

세균의 똥 덩어리를 흡!

해가 뉘엿뉘엿 지며 궁전이 붉은빛으로 물들었어요. 평소라면 일을 마친 사람들이 하나둘 집으로 돌아갈 시간이었죠. 하지만 오늘만은 다들 궁전 뒤에 있는 너른 후원을 구경했어요.

그곳에서는 흑마녀가 한창 새하얀 돌가루를 이용해 마법진을 그리는 중이었어요. 조금 떨어진 곳에서는 마술 거울이 툴툴댔죠.

"시종장이 맛있는 저녁을 준비 중이던데 가기는 어디를 가시겠다고 이럽니까?"

"말했잖아. 내가 직접 세균을 잡겠다고."

흑마녀는 마법진 위에 오로지 '세상에서 가장 사악한 마녀를 위한 학교'를 나온 마녀들만이 쓸 수 있는 주문을 적어 넣었어요.

잠시 뒤 제아무리 강력한 적이라 할지라도 완벽하게 무찌르는 길을 열어 주는 최강의 마법진이 완성됐어요.

"단박에 세균 사냥을 끝내겠어."

흑마녀는 돌가루가 잔뜩 묻은 손바닥을 털며 외쳤어요. 마술 거울이 마법진을 들여다보더니 눈을 휘둥그레 떴어요.

"헉! 설마 시간을 거슬러 올라가는 마법입니까?"

"준비됐지? 가자!"

흑마녀는 마술 거울이 뭐라 할세라 잽싸게 두 손을 깍지 끼고 주문을 외웠어요.

엄청난 화염이 솟구치며 마법진이 하얗게 불타올랐어요. 구경하던 사람들이 놀라 탄성을 내질렀어요.

"굉장해!"

흑마녀는 흐뭇했어요.

"그럼 그럼. 난 굉장한 마녀지."

눈앞에서 색색의 불똥이 튀나 싶더니 슉! 바람을 가르는 소리와 함께 주변 풍경이 확 바뀌었어요.

초록으로 넘실거리던 나무와 풀이 지우개로 지운 것처럼 사라지고 그저 흙으로 덮인 산과 너른 대지가 펼쳐졌어요. 어디선가 화산이 폭발

했는지 용암이 꿈틀거리는 모양으로 시커멓게 굳어 있었죠.

"맙소사. 여긴 40억 년 전의 지구로군요."

마술 거울이 쇠 덩굴로 된 제 머리를 쥐어뜯으며 읊조렸어요.

"아무리 강한 적도 생기기 전에 없애면 그만! 마법진에게 세균이 막 생겼을 때로 데려다 달라고 했지."

"이 시대는 아직 산소가 없습니다. 그렇기에 인간도 동물도 풀도 나무도 아무것도 없죠. 오직 세균만이 흙과 대기, 바닷물 속에서 번성하고 있을 뿐입니다."

마술 거울이 혀를 끌끌 찼어요. 흑마녀는 숨이 너무 차 헉헉거리며 땅바닥에 황급히 마법진을 그렸어요.

"우리를 숨 쉴 수 있는 시대로 데리고 가 줘!"

외침과 동시에 주변 풍경이 빠르게 바뀌기 시작했어요. 흙 위로 드러난 바위들이 무섭도록 새빨갛게 변해 갔어요. 땅 위 여기저기에서 마치 번개처럼 불꽃이 일다가 꺼지기를 반복하니 눈이 아플 정도였어요.

"남세균이 등장해 똥을 싸기 시작했네요."

마술 거울이 중얼거렸어요.

"얼마나 무지막지 지독한 똥을 싸기에 지구가 저렇게 지옥처럼 타오르지?"

"남세균은 햇빛과 물, 그리고 이산화탄소를 먹은 뒤 산소가 듬뿍 담긴 똥을 쌌거든요. 그 바람에 산소 없이 살던 세균들이 죄다 전멸했어요. 그리고 보시다시피 남세균은 사방을 녹슬게 했고 흙에 섞여 있던 철과 알루미늄을 순식간에 태워 버렸죠."

흑마녀는 부르르 몸을 떨었어요. 세균이 가장 약할 때를 찾아 시간을 거슬러 왔더니 난데없이 최강 세균이 등장할 줄은 상상도 못 했거든요.

그래도 이동하는 동안 다행히 남세균은 사라진 건지 땅 위의 풍경이 본래 모습으로 돌아갔어요. 기분 탓인지 햇살 또한 부드러워진 것 같았죠.

그쯤 되자 흑마녀는 더는 숨을 참을 수가 없어 무릎을 꿇고 주저앉았

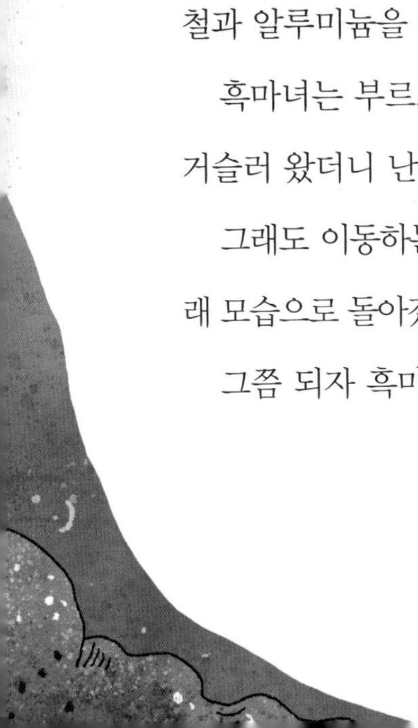

어요.

'이러다 죽겠어.'

그 순간 마법진이 이동을 멈추었어요. 흑마녀는 황급히 숨을 들이켰어요. 신선한 공기를 마시자 어질어질해서 흐려졌던 눈앞이 맑아졌지요.

"남세균이 싼 똥 맛이 참 좋죠?"

마술 거울이 히죽 웃으며 물었어요. 흑마녀는 기겁했어요.

"그 녀석, 사라진 거 아니야?"

"사라지긴요. 지나오던 시대보다 그 수가 확 줄긴 했지만, 우리가 사는 시대에도 아주 쌩쌩하게 잘 살아 있는걸요."

"그래? 그러면 힘이 약해진 것 같은 지금이 기회겠군. 다 없애 버리겠어."

흑마녀가 팔을 걷어붙이자 마술 거울이 손을 뻗어 말렸어요.

흑마녀의 마법 노트

남세균이 만든 돌

약 30억 년 전 남세균이 만들어 낸 산소는 바닷속에 녹아 있던 철과 결합해 가라앉았어요. 그것들이 땅에 묻혀 압력을 받아 만들어진 것이 바로 철광석이랍니다. 오늘날 철은 우리 생활에 필요한 온갖 물건을 만들어 내는 아주 중요한 금속이에요.

"흠, 후회하실 텐데요. 남세균이 싼 똥 덕분에 하늘 위에 오존층이라는 보호막이 생겨서 이 육지 위에 식물과 동물, 그리고 인간이 살 수 있게 됐거든요."

"그렇다는 건 남세균을 없애면 나도 태어나지 못했다는 거네."

흑마녀가 얼굴을 팍 구겼어요. 그러다 문득 궁금해졌어요.

"아까 남세균이 싸 놓은 산소 때문에 세균들이 죄다 죽었다고 하지 않았어? 근데 왜 우리 시대에 그토록 많은 놈들이 버글대며 살아 있는 거지?"

"그거야 산소를 먹이로 삼는 세균이 나타났기 때문이죠."

"히야, 남세균보다 더 센 놈이 분명하네. 좋아, 그놈을 없애야겠다!"

마술 거울이 대답하자마자 흑마녀는 부리나케 마법진을 그렸어요.

붕!

말릴 틈도 없이 마법진이 강렬한 빛을 뿜어내더니 눈앞에 색색의 불똥이 팍팍 튀겼어요. 그러자 까만 허공에 타원형의 세균이 떠올랐어요.

"대체 여기가 어디지?"

흑마녀는 어리둥절했어요. 목적지에 거의 다 온 것 같은데 사방이 너무 어두웠거든요.

그때였어요. 마술 거울이 두 눈을 휘둥그레 떴어요.

"아니, 저건 산소를 먹는 미토콘드리아! 그렇다는 건 여기는 동물 세포 안이군요. 먼 옛날에 미토콘드리아의 조상격인 세균이 우연히 세포 안에 들어가게 되었다고 해요. 세포는 세균을 보호하고, 대신 세균은 산소를 먹어 에너지를 내는 공생 관계를 맺었다는 기록을 본 적 있어요."

흑마녀는 숨을 들이켰어요. 마법진의 힘이 너무 강해서 시공간을 이동하다 못해 아무래도 크기까지 세균만큼 줄어들었나 봐요. 이대로 있

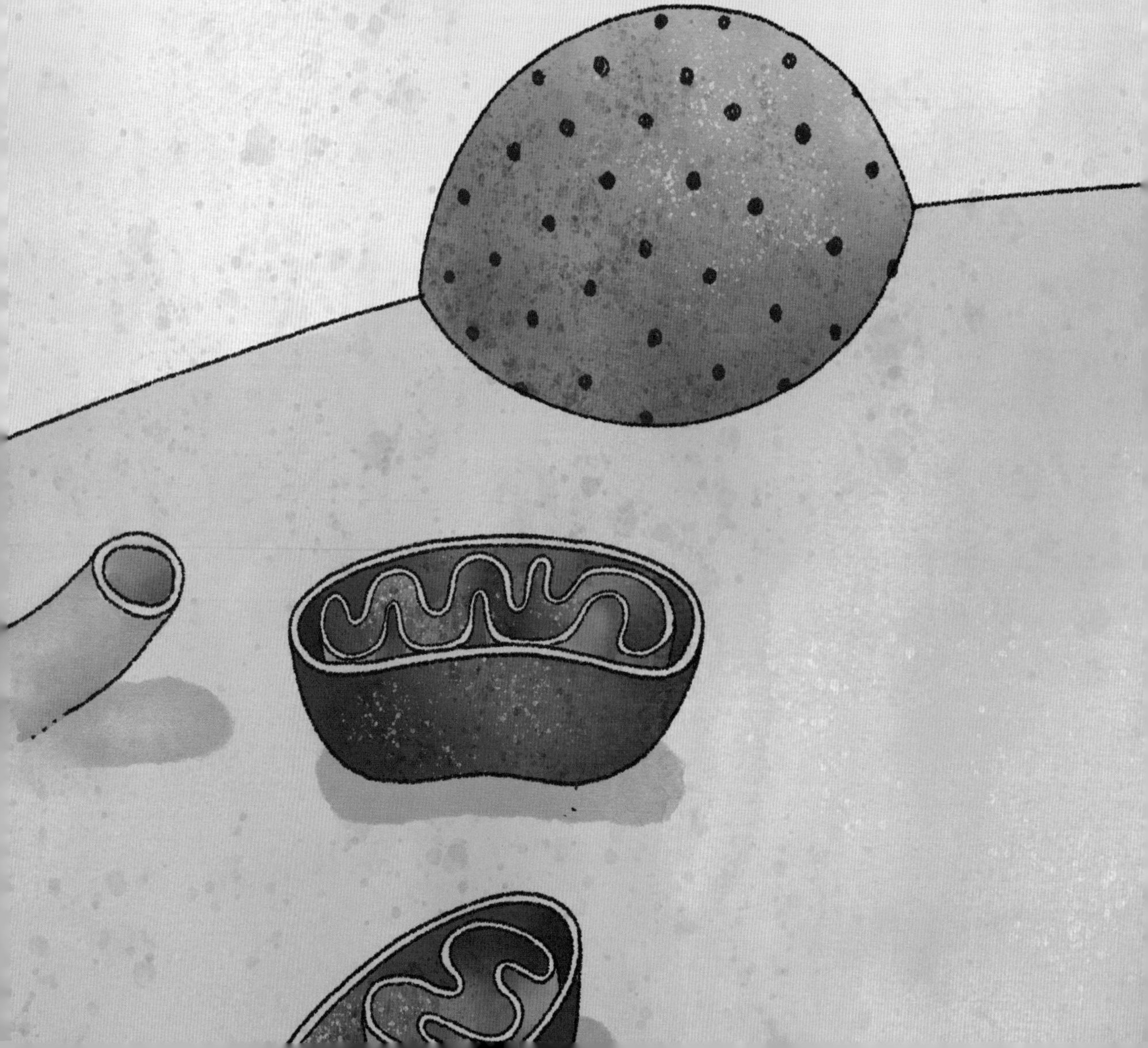

다가는 정체 모를 세포 안에 미토콘드리아랑 갇힐 거예요.

'큰일 났다!'

흑마녀는 바닥에 가까스로 마법진을 다시 그려 냈어요.

"밖으로!"

몸에서 나는 냄새의 비밀

사방에서 번쩍이던 빛이 하나로 뭉치나 싶더니 갑자기 사라졌어요. 흑마녀는 그대로 엉덩방아를 찧었어요.

"어이쿠!"

"무작정 밖으로 데려다 달라 외치니 이러죠. 괜찮으십니까?"

흑마녀는 고개를 끄덕이려다가 황급히 코를 틀어막았어요. 지독해도 너무 지독한 냄새에 헛구역질까지 솟구쳤어요. 가까스로 참으며 주변을 둘러보니 생전 처음 보는 풍경이 펼쳐졌어요.

거대한 창이 하늘을 찌를 듯 자라 있고 여기저기 움푹 팬 구멍이 나 있었어요. 게다가 묘하게 부들거리는 땅은 반투명했는데 그 아래로 공처럼 둥근 것이 우글거리는 게 흐릿하게 보였어요.

"포도상구균이군요! 어쩐지 맡아 본 냄새다 싶었는데."

마술 거울이 아래를 내려다보며 중얼거렸어요. 흑마녀는 튀어 오르듯 벌떡 일어섰어요.

"세균 주제에 이런 썩은 내를 풍기다니 사악해!"

"세균은 대부분 너무 많이 번식하면 냄새가 납니다. 인간들이 나쁜 냄새라고 느끼는 대부분의 냄새가 세균 냄새죠."

"끔찍해! 이것들을 당장 없애 버려야겠어."

흑마녀는 두 손을 모으고 주문을 외웠어요. 하늘이 어둑해지더니 세찬 비가 포도상구균이 득실거리는 땅을 쓸어내렸어요. 하지만 꿈쩍도 하지를 않았죠.

"포도상구균은 끈적한 물질을 내뿜어서 피부에 들러붙습니다. 일종의 보호막이라 웬만해서는 잘 안 떨어져 나가죠."

흑마녀는 이를 악물고 좀 더 센 주문을 외웠어요. 그러자 마른하늘에 번개가 치더니 그대로 땅을 내리찍었어요.

"앗! 따가워!"

어마어마한 고함이 허공에서 울려 퍼졌어요. 동시에 땅이 크게 흔들렸어요. 흑마녀는 그대로 땅을 굴러 거대한 창을 붙잡았어요.

"뭐야. 대체 이게 무슨 일이야?"

"여긴 누군가의 피부 위거든요. 저 창은 털이고 저 구멍은 모공이죠. 포도상구균은 인간 몸의 겨드랑이, 배꼽, 발 같은 따뜻하고 습한 부분에 주로 사니까 여기는 그 셋 중 하나일 겁니다."

마술 거울이 심드렁한 얼굴로 말했어요. 흑마녀는 기가 막혔어요.

"거짓말! 먹을 것도 없는데 세균이 어떻게 산다는 거야?"

"먹을 거야 널렸죠. 피부 위 각질을 뜯어먹기도 하고, 모공에서 흘러 나오는 땀과 피지를 마시기도 하고."

마술 거울은 그렇게 답하더니 피식 웃으며 덧붙였어요.

"이 피부의 주인은 잘 안 씻나 보군요. 머릿니가 사는 거 보니."

흑마녀는 더는 참을 수 없었어요. 털을 잡고 있느라 마법진을 그릴 수 없었지만, 단거리 이동 주문은 외울 수 있었어요.

"우리를 안전한 곳으로 옮겨 줘!"

외침과 동시에 몸이 붕 떠오르나 싶더니 이번에는 물컹거리고 축축한 땅 위로 떨어졌어요. 흑마녀는 옷에 스며드는 끈적임이 기분 나빠 얼굴을 팍 구겼어요.

"마법을 너무 많이 써서 힘이 모자라나. 또 괴상한 곳에 왔잖아!"

둘러보니 아래는 볼록한 분홍색 기둥이 빼곡했고 저 멀리 누런색의 거대한 돌들이 옥수수 낱알처럼 줄지어 있는 모습이 보였어요.

"여기는 또 어디래?"

"누군가의 입속 같은데요? 미생물들이 아주 많이 사는 곳이니 쉽게 찾아낼 수 있을 겁니다."

마술 거울이 손을 들어 눈가에 대고 멀리 보는 시늉을 하며 말했어요.

"그럼 이게 침?"

흑마녀는 두 손에 범벅이 된 끈적이는 물을 털어 내곤 재빨리 마법진을 그렸어요. 하지만 주문을 써넣기도 전에 끈적거리는 침이 차올랐어요. 동시에 흑마녀에게도 익숙한 소리가 들려왔지요.

꿀꺽!

배 속에도 세균이 산다

흑마녀는 식도를 지나 데굴데굴 굴러떨어졌어요. 그러다 퐁당! 위에 가득 찬 위산에 빠졌지요.

“어푸푸!”

여기저기 이가 씹어 부순 둥둥 뜬 음식물이 보였어요. 그것들은 강력한 위산 때문에 녹아 걸쭉한 액체가 되어 가고 있었어요. 같이 들어온 세균들도 녹아 사라져 가고 있었죠.

“큰일 났다. 나도 녹아 버리겠어!”

흑마녀는 기겁하며 고함을 지르다 문득 몸이 투명한 막으로 덮여 있는 것을 알았어요.

"겁쟁이……. 아니, 위대하신 흑마녀 님을 이대로 녹아 버리게 둘 수는 없으니까요."

머리 위에 둥둥 떠 있는 마술 거울이 말했어요. 흑마녀는 안도의 한숨을 내쉬었어요. 그러다 문득 태평하게 위산 위를 떠다니는 세균을 보았지요.

"뭐 저런 녀석이 다 있지? 위산에도 끄떡없다니!"

"뭔가 했더니만 헬리코박터균이군요. 위장 벽 틈새에 숨어 있다 위를 약하게 만들고 고약한 병에 걸리게도 만들죠."

흑마녀는 세균 때문에 이렇게 고생하는데 마침 잘됐다 싶어 두 손을 모았어요.

흑마녀의 마법 노트

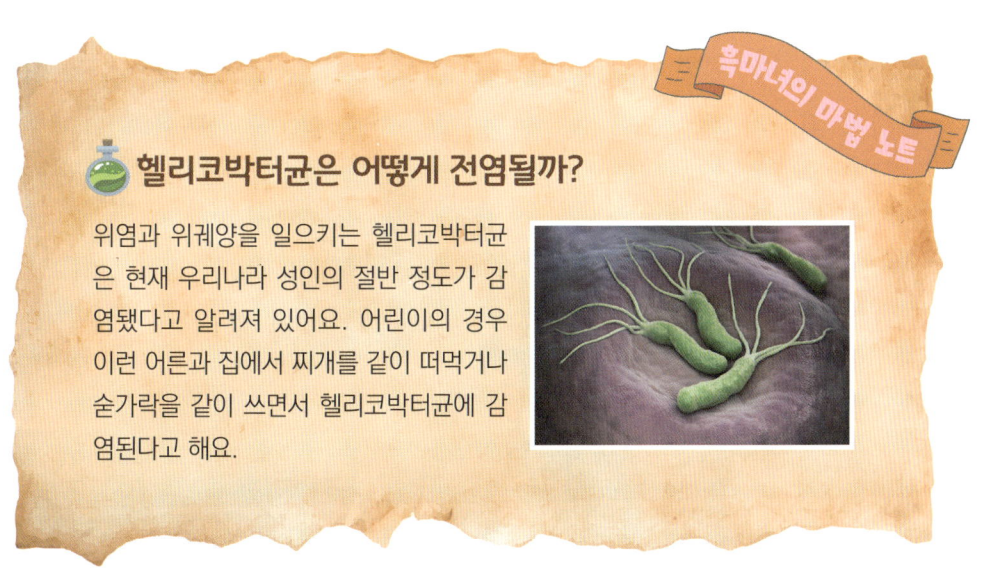

헬리코박터균은 어떻게 전염될까?

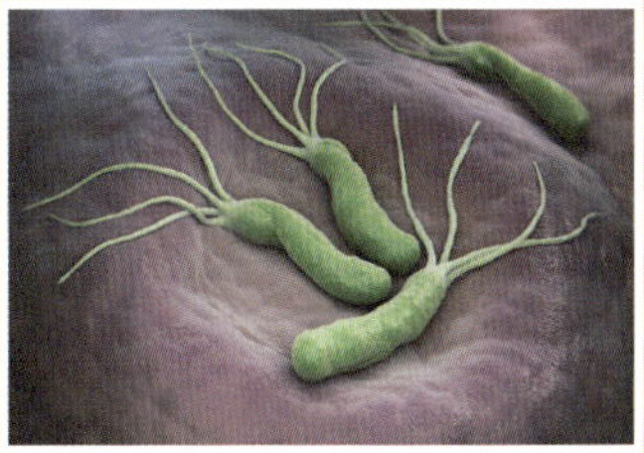

위염과 위궤양을 일으키는 헬리코박터균은 현재 우리나라 성인의 절반 정도가 감염됐다고 알려져 있어요. 어린이의 경우 이런 어른과 집에서 찌개를 같이 떠먹거나 숟가락을 같이 쓰면서 헬리코박터균에 감염된다고 해요.

"저 녀석이라도 없애 버리겠어!"

"잠깐! 그랬다가는 꽃가루 알레르기에 걸릴 거예요. 적당한 양의 헬리코박터균은 꽃가루 때문에 우리 몸이 천식이나 비염에 시달리지 않도록 만들어 주거든요."

마술 거울이 말렸지만, 흑마녀는 듣는 둥 마는 둥 주문을 외우려 했어요. 그 순간 위와 장 사이를 여닫는 문이 열리더니 그대로 걸쭉해진 음식물과 함께 아래로 빨려 내려갔어요.

"으악!"

흑마녀는 제 몸을 보호하는 투명한 막 덕분에 조금도 젖지 않았지만 어찌나 요란하게 흔들리는지, 온 힘을 다해 비명을 질렀어요.

"아이고. 귀청 터지겠네."

마술 거울이 얼굴을 찌푸리더니 손가락을 튕겼어요.

잠시 뒤 흑마녀는 마술 거울과 함께 물컹거리는 땅에 발을 디뎠어요.

"살았다."

흑마녀는 안도하다가 흡! 숨을 들이켰어요. 하늘도, 땅도, 저 멀리 보이는 거대한 벽에도 온통 색색의 세균들이 득실댔어요.

"급한 대로 일단 큰창자로 이동했습니다. 인간의 몸에서 미생물이 가장 많이 사는 곳이죠. 고작 7센티미터의 폭과 1.5미터의 길이일 뿐인데 무려 100조 마리가 살고 있거든요."

마술 거울이 재밌어 죽겠다는 듯 히죽거리며 말했어요.

"100조 마리! 이제는 다 싫어!"

흑마녀는 바닥에 번개보다 빠른 속도로 마법진을 그렸어요. 그러고는 온 힘을 다해 소리쳤죠.

"집으로 돌려보내 줘!"

우리 몸에 사는 미생물

입속에 사는 미생물

입속은 피부보다 축축하고 따스해서 미생물이 자라기에 최적의 장소예요. 게다가 주기적으로 들어오는 음식물 찌꺼기까지 있으니 먹이도 풍부하답니다.

편도

혀뿌리 근처에 있는 편도는 세균 감염을 막는 파수꾼이에요. 나쁜 세균과 바이러스를 걸러 내지요.

플라크

이를 닦지 않으면 치아를 덮어 버리는 끈적거리는 얇은 막이에요.

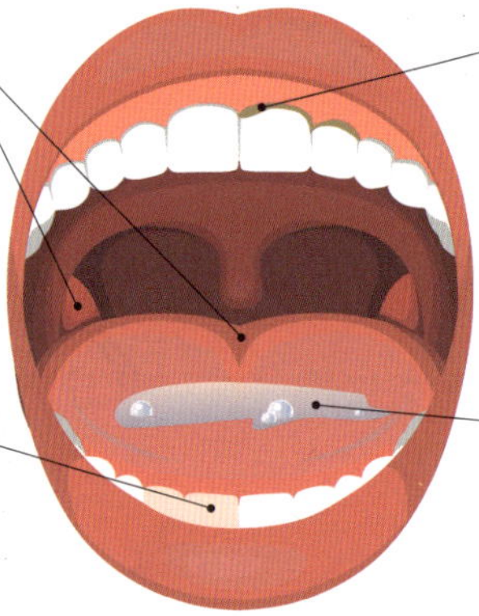

치석

음식물 찌꺼기와 입속 세포 조각이 침과 뒤엉켜 치아 틈에 끼어서 생겨요. 치석 1그램당 미생물 100억 개가 살아요.

침

소화를 돕는 침 속에는 세균을 죽이는 성분이 들어 있어요. 낮에는 1리터쯤 되는 침이 나와서 세균이 번식 못 하도록 막아 주지만 밤이 되면 말라 버려요.

뮤탄스균

충치를 만드는 세균이에요. 자기들끼리 줄 서서 붙어 다니는 걸 좋아해요.

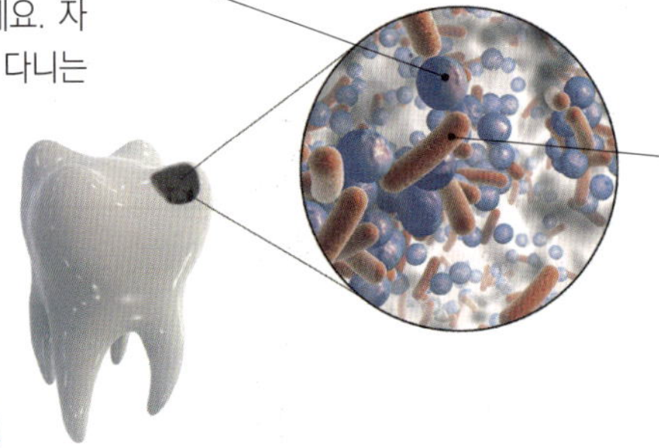

진지발리스균

산소를 싫어하는 혐기성 세균으로 잇몸에 숨어 살며 잇몸을 붓게 하고 출혈을 일으켜요. 아주 강한 세균이라 치아 뿌리까지 녹여요.

자기 전과 아침에
이를 닦지 않으면
나쁜 세균이
득실득실!

큰창자에 사는 미생물

창자에 사는 미생물을 통틀어 장내 미생물이라고 불러요. 사는 기후나 환경에 따라 장내 미생물의 종류가 크게 달라져요.

큰창자 속에 사는 세균들은 끈적끈적한 액을 뿜어내서 보호막을 만들어 큰창자의 점막을 덮어 버려요. 밖에서 들어오는 대부분의 세균은 보호막을 뚫지 못해요.

채소와 과일에 풍부하게 들어 있는 섬유소는 오직 큰창자에 사는 대장균만이 먹어 치울 수 있어요. 대장균은 섬유소를 양껏 먹은 뒤 비타민K로 된 똥을 싸요. 비타민K는 피가 저절로 멎게 만드는 물질이에요.

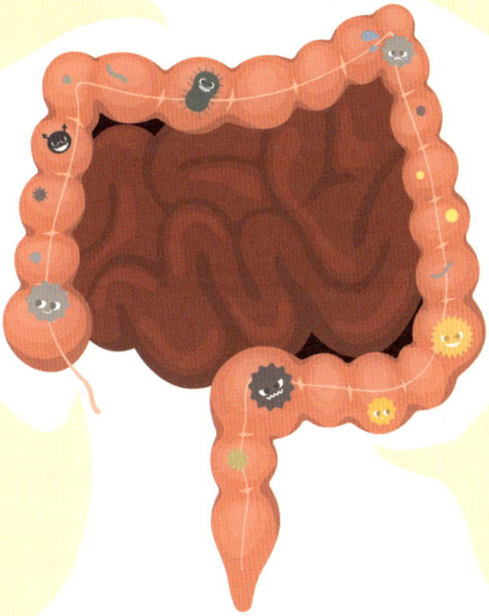

맹장의 끄트머리에 달린 작은 혹처럼 생긴 충수는 쓸모가 없다고 믿어 왔어요. 최근에는 우리 몸에 중요한 미생물 보관소라는 증거가 하나둘 나오고 있어요.

우리 몸에 사는 미생물의 99퍼센트가 큰창자에 살아요. 큰창자 속 미생물의 90퍼센트는 세균인데 무려 700종이 넘는답니다.

★ 똥에는 장내 미생물이 1/3 이상 들어 있어요.

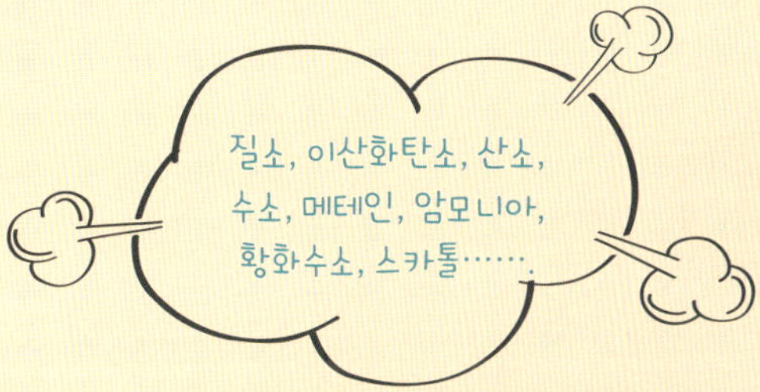

★ 세균이 번식하면 냄새를 풍기듯 우리 몸에서 나오는 방귀 냄새 또한 몸속 세균이 만들어 내요.

토론왕 되기!

미생물이 기분을 좌우한다? 사이코바이오틱스

2011년 과학자들은 생쥐를 소심한 성격인지 대범한 성격인지에 따라 분류한 뒤 장내 미생물을 싹 제거한 무균 생쥐와 함께 넣어 두는 실험을 했지요.

나도 봤어. 무균 생쥐의 성격이 함께 넣어 둔 생쥐를 따라 바뀌었다고 하던데. 조사해 보니 그 이유는 장내 미생물 때문이라면서.

과학자들은 그 뒤 소심한 성격의 생쥐에게 젖산균 중 하나인 락토바실루스 람노수스를 먹였어요. 그랬더니 평소와는 달리 불안감이 낮아졌고 활발하게 돌아다녔다고 해요.

미생물이 기분에도 영향을 미친다니 신기하군.

무척 신기했던 과학자들은 쥐의 뇌를 분석했고 그 이유가 뇌에 있는 신경 전달 물질이 활성화됐기 때문이란 걸 알아냈어요.

신경 전달 물질? 그건 또 뭐야?

가바(GABA)라고 불리는 이 물질은
인간 뇌에도 들어 있는데 뇌의 학습, 기억, 감정 조절에 관여하는
부분에 영향을 미치는 것으로 알려졌지요. 가바에 문제가 생기면
불안증과 우울증이 발생한답니다.

그러면 세균이 사람의 감정에 영향을 끼친다는
확실한 결과가 나온 거네.

이런 실험 결과에 따라 과학자들은
"충분히 섭취했을 때 정신 질환으로 고통받는 환자에게 도움을
줄 수 있는 살아 있는 세균"이 존재한다고 발표했어요.
이런 세균들을 사이코바이오틱스라고 부르지요.

하지만 모두가 이 발표에 동의할 것 같지는 않아.

현재 이 결과를 두고 수많은 학자가 논쟁 중이에요. 눈에 보이지도
않는 미생물이 사람의 기분을 좌우한다니 말도 안 되는 억지
논리라고 하는 과학자들도 있고 우리 몸속에 100조 개나 사는
생물이니 당연히 영향을 미칠 거라고 보는 학자들도 있어요.

과연 미생물이 우리 기분을 좌지우지할 수 있을까요? 미생물이 하는 수많은 역할들을 되짚어 보면서 여러분의 생각을 적어 보세요.

미로 탈출하기

흑마녀가 세균들을 피해 도망치도록 도와주세요.

정답

3장

무시무시한 미생물

사악한 미생물이 두둥!

흑마녀가 단단한 돌바닥에 발을 딛고 보니 시종장이 화들짝 놀라 소리쳤어요.

"아이고, 깜짝이야. 대체 어디를 다녀오신 건가요?"

그러더니 흑마녀의 온몸에 끈적이는 침을 보며 눈을 가늘게 떴어요.

"이 나라의 여왕이 된 걸 잊으신 건가요?"

"그게 그러니까 세균 사냥을 나갔는데……."

흑마녀가 몹시 창피해 쩔쩔매는데 뒤이어 도착한 마술 거울이 제 팔에 흐르는 침을 털어 내며 말했어요.

"흑마녀 님의 마법진 그리는 솜씨가 뛰어나서 다행이네요. 하마터면 그대로 똥이 되어…….”

“시끄럽거든!”

흑마녀는 마술 거울에게 달려들어 입을 틀어막았어요. 그러고는 몸을 깨끗하게 하는 바람을 부르는 주문을 빠르게 읊조렸어요. 강렬한 바람이 온몸을 뽀송뽀송하게 말리며 휭휭, 창밖으로 불어 나갔어요.

그때였어요. 창밖에서 어마어마한 비명이 들려왔어요. 뭔가 싶어 내다본 흑마녀는 입을 떡 벌렸어요.

"맙소사!"

궁전 앞마당에 시종과 시녀들이 배가 무척 아픈 듯 끙끙 앓고 있었어요.

"이런! 흑마녀 님의 손에 하필이면 식중독균이 붙어 있었나 보네요."

마술 거울이 두둥실 옆으로 날아오더니 한숨을 내쉬었어요. 흑마녀는 눈을 휘둥그레 떴어요.

"방금 내가 마법으로 다 날려 버렸는데?"

"마법이 손에서 나가니 덕지덕지 묻어 있던 미생물도 같이 뿜어져 나갔나 보죠. 특히 병을 일으키는 세균은 침, 재채기, 손을 통해서 쉽게 전파되거든요."

마술 거울은 귀찮아 죽겠다는 표정을 지으며 대꾸하더니 손가락을 튕겼어요. 쓰러진 사람들 위로 안개 같은 것이 뿜어져 나왔어요. 마술 거울이 준 안경을 쓴 흑마녀는 고개를 갸웃거렸어요.

"모양이 꽤 다양하네."

"세균이 흔히 일으키는 병이 바로 식중독이지만 알고 보면 죄다 다른 곳에서 온 녀석들이거든요."

마술 거울이 그렇게 대답하는 사이 세균들이 싹 다 빠져나왔는지 시종과 시녀들이 하나둘 정신을 차리고 일어섰어요.

흑마녀는 안도하다가 문득 마당에 풀어 키우는 수십 마리의 닭 중 몇 마리가 쓰러져 있는 것을 보았어요.

흑마녀의 마법 노트

식중독을 일으키는 세균들

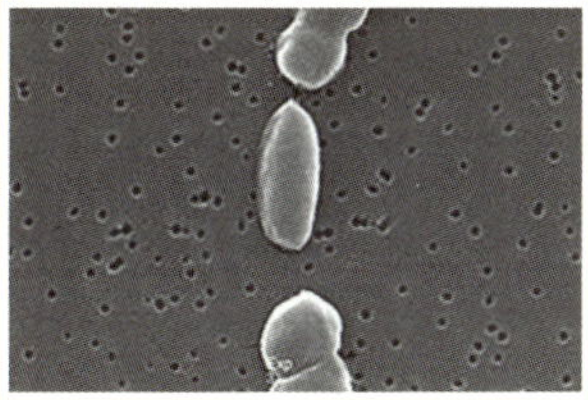

장염 비브리오균은 바다에 살아요. 바닷물 온도가 20도가 되면 세균이 왕성하게 증식하기 때문에 반드시 어패류는 익혀 먹어야 해요.

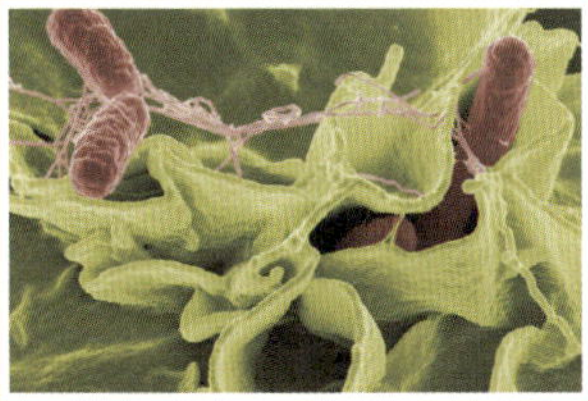

살모넬라균은 달걀, 닭, 육류에 붙어 사는데 6~9월 사이에 가장 활발하게 증식한답니다. 그러므로 고기는 잘 익혀 먹고 달걀을 만진 손은 반드시 씻어야 해요.

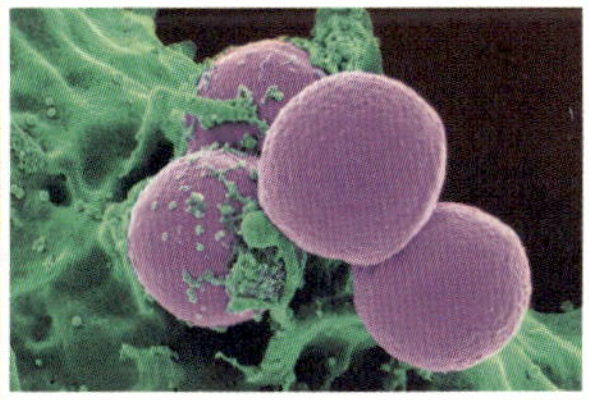

포도상구균은 유지방 함유량이 높고 수분이 많은 크림, 샐러드, 육류, 햄에서 자라요. 열에 특히 강해서 펄펄 끓이거나 구워도 잘 없어지지 않기 때문에 오래된 음식은 버려야 해요.

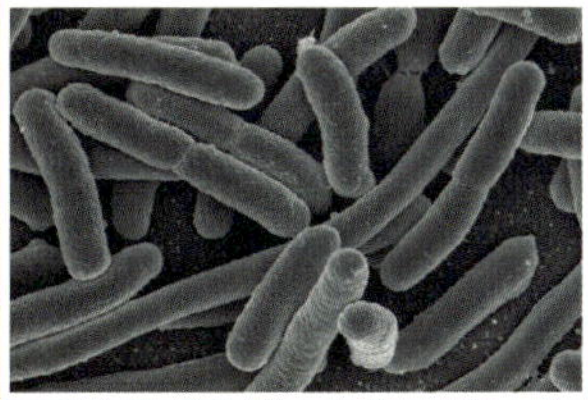

장 출혈성 대장균인 O-157은 독성이 아주 강해서 소량만 먹어도 아주 위험해요. O-157균은 잘 익히지 않은 패티에서 자주 발견돼서 햄버거병의 원인균으로 알려져 있어요.

세균 사냥꾼, 백신

"거울아, 거울아. 세균이 닭도 아프게 할 수 있어?"

마술 거울이 어리둥절한 얼굴로 살피더니 신음을 흘렸어요.

"이제 보니까 닭 콜레라균도 달고 오셨군요."

"닭의 몸이 퉁퉁 부어오르다가 잠들 듯 죽어 버리는 병 말이야? 그게 세균 때문인 줄 몰랐어."

흑마녀는 기겁해 소리쳤지만 마술 거울은 쇠 장식으로 된 머리를 벅벅 긁으며 고개를 갸웃거렸어요.

"보통은 세균이 증식해 발병하기까지 시간이 걸리는 법인데 참 기이하네요. 설마 세균 하나하나에 마법이 걸렸나?"

흑마녀는 뜨끔한 기분에 마법진을 그리기 시작했어요.

"고민 그만해. 내가 낫게 해 주지 뭐."

그러자 마술 거울이 손을 뻗어 말렸어요.

"그만두시죠. 또 이상한 마법을 쓰실 것 같은데. 콜레라는 콜레라균으로 치료하면 쉽습니다."

"세균 때문에 아픈데 세균으로 치료한다고?"

흑마녀가 황당해하며 묻자 마술 거울은 히죽 웃더니 마치 인형이 달린 실을 조종하는 것처럼 두 손을 뻗어 손가락을 이리저리 움직였어요.

포로롱.

아픈 닭들에게서 희미한 안개가 피어올랐어요. 흑마녀는 안개처럼 보이는 희미한 실 가닥에 엉킨 콜레라균을 보았어요.

지독하게 강해 보이던 콜레라균은 마술 거울이 손을 꽉 쥐는 시늉을 하자 기운이 빠진 듯 굳어 버렸어요.

"끔찍하게 생겼네."

마술 거울은 듣는 둥 마는 둥 두 손을 아래로 팍 털었어요. 그 순간 콜레라균이 주변에 흩어져 있던 건강한 닭들에게로 퍼져 나갔어요.

"으악! 뭐 하는 거야! 저러면 닭들이 죄다 아파 죽어 버리잖아!"

흑마녀가 선 자리에서 펄쩍 뛰었어요. 마술 거울이 귀를 막는 시늉을 하며 말했어요.

"아이고. 귀청 터지겠네. 조금 전 만든 백신을 넣어 준 거라고요!"

"백신이 뭔데?"

"인간과 동물의 몸속에는 백혈구라는 세균 사냥꾼이 살고 있거든요. 힘이 빠진 세균 몇 마리를 넣어 주면 약점을 알아낸 뒤 진짜 세균이 들어왔을 때 멋지게 물리치는데 이걸 백신이라고 부르죠."

"그렇다면 내가 보고 온 그 많은 세균을 걱정할 필요 전혀 없다는 거잖아!"

흑마녀는 너무 기뻐 선 자리에서 폴짝 뛰었어요. 그러다 제 팔뚝에 난 상처에서 버글거리는 세균을 보았지요. 심장이 꽝꽝 얼어붙었어요. 목구멍을 타고 어마어마한 비명이 솟구쳤어요.

"꺄악!"

세균 잡는 미생물

성이 떠나갈 듯 요란한 고함이 메아리쳤어요. 놀란 시종장이 뛰어와 황급히 물었어요.

"무슨 일이십니까?"

흑마녀는 제 팔뚝을 내보이며 부들부들 몸을 떨었어요. 하지만 시종장의 눈에는 전혀 보이지 않는 모양이에요. 시종장은 소리 내 웃더니 주머니에서 연고를 꺼내 들었어요.

"살갗이 살짝 긁혔을 뿐인데 엄살이 심하시군요. 이 약을 바르면 쉽게 낫습니다."

부드러운 흰색 크림을 상처에 바르자 신기한 일이 벌어졌어요. 팔뚝

위에 득실거리던 세균들이 힘을 잃어 비틀거리더니 죄다 죽어 버리지 뭐예요.

"이거 봐. 굉장해! 백신이니 뭐니 그런 거 없이도 세균을 없앴어!"

흑마녀가 무척 기뻐하며 외치자 마술 거울이 미간을 찌푸리며 입을 열었어요.

"그 연고 속에 들어 있는 치료 성분은 흔히 '푸른곰팡이'라 부르는 페니실륨에서 추출한 겁니다. 페니실륨은 자신이 자라는 곳 주변에 있는 세균을 없애려고 페니실린이란 항생 물질을 내보냅니다. 1928년 영국의 의사이자 생물학자였던 알렉산더 플레밍이 발견해 항생제라는 약으

흑마녀의 마법 노트

제 2차 세계 대전을 승리로 이끈 숨은 영웅, 페니실린

제 2차 세계 대전 중 수많은 군인이 별거 아닌 상처 때문에 죽어 갔어요. 더러운 옷이나 오염된 물에서 나온 세균에 의한 질병 때문이었죠. 플레밍 박사가 발견한 페니실린이 특효약이었지만 대량 생산이 어려웠어요. 이 때문에 전쟁을 일으킨 독일과 일본, 그리고 맞서 싸우던 미국을 비롯한 연합군도 대량 생산법을 알아내기 위해 고심했지요. 다행히 미국의 학자들이 대량 생산법을 먼저 찾아내면서 제 2차 세계 대전은 연합군의 승리로 끝이 났어요.

로 만들어 냈죠."

"뭐야! 그걸 왜 이제 말해. 최고의 세균 사냥꾼이 여기 있었잖아. 항생제를 세균이 득실거리는 곳마다 펴 발라 놓아야겠어."

흑마녀는 그렇게 말하고는 시종장을 바라보았어요. 지금 당장 이 연고를 잔뜩 사들이라고 명령하려는데 마술 거울이 들으란 듯 한숨을 폭 내쉬었어요.

"그것참. 아주 끔찍한 세균을 만들어 내고 싶으신 모양이네요."

"무슨 소리야? 세균을 다 없애 버리려고 그러는 건데."

흑마녀가 어이없어하자 마술 거울이 대답 대신 연고가 발린 흑마녀의 팔뚝을 눈짓했어요. 흑마녀는 어리둥절하며 팔뚝을 내려다보고는 입을 떡 벌렸어요.

세균들이 싹 다 사라진 줄 알았는데 한두 마리가 살아남아 있었는지 그새 또 증식해 버글거리고 있지 뭐예요.

"끔찍해!"

흑마녀가 곁에 선 시종장에게서 연고를 빼앗아 팔뚝에 듬뿍 발랐어요. 그러고는 자세히 보기 위해 마법 안경을 쓰고 팔뚝을 다시 보았어요. 이상했어요. 아까만 해도 지우개로 지운 듯 세균들이 사라졌는데 지금은 꿈쩍도 하질 않았어요.

"대체 왜?"

흑마녀가 벌벌 떨며 묻자 마술 거울이 심각한 표정을 지었어요.

"세균 중 한 마리가 항생 물질에 끄떡없는 유전자를 지니고 있었나 보네요. 세균들은 유전자 교환을 즐기다 보니 한 마리가 그런 유전자를 가지면 순식간에 퍼져 나가죠."

"윽. 그러니까 돌연변이를 일으켰다는 거야?"

"정답입니다. 이런 세균을 항생제 내성균이라고 불러요. 두 개 이상의 항생 물질을 이기는 세균은 슈퍼 세균이라고 부르고요."

"그렇다면 좀 더 센 항생제를 찾아야겠네."

"그러면 초강력 세균이 탄생하겠죠. 제가 알기로는 거의 매년 신종 슈퍼 세균이 발견됐다는 소식이 들려오거든요. 그러니 될 수 있으면 항생제는 쓰지 않는 게 좋습니다."

마술 거울은 그렇게 말하고는 흑마녀의 팔뚝을 유심히 들여다보며 말을 이었어요.

"그건 그렇고 세균 증식 속도가 지나치게 빠르군요. 아까 전 일도 그렇고 어째 좀 찝찝한데."

"그래서 어쩌란 거야!"

마술 거울이 손가락을 맞부딪히자 콩알만 하던 세균이 주먹만 해졌

어요. 그러자 세균의 몸 안에 든 DNA가 보라색 빛을 뿜어내는 것이 또렷이 보였어요.

"어라? 아무래도 저 빛이며 느낌이 마력 같은데?"

흑마녀는 눈에 힘을 주고 열심히 관찰했어요. 모든 마력에는 주인이 있는 법인데 마녀의 눈으로 보면 주인 이름이 보이거든요.

이윽고 흑마녀는 의기양양해서 소리 내 읽었죠.

"'주인 흑마녀.' 엉? 나잖아!"

기상천외한 미생물이 사는 곳

에티오피아
달롤 유황 온천

유황은 지독한 냄새를 풍기는 데다 불에 타면 끈적한 젤로 변해 땅을 덮어 버려요. 그래서 동식물이 살아남지 못하죠. 하지만 티오바실러스균은 40도가 넘는 유황 온천에서 황을 먹고 살아가요. 티오바실러스균의 세포는 열을 막아 내는 막으로 쌓여 있어요.

한국
섬진강

방사선은 극히 위험한 물질로 소량으로도 동식물의 세포를 파괴해 버리고 각종 병을 불러와요. 그런데 데이노코쿠스균은 이런 방사선에 끄떡도 하지 않아요. 심지어 방사선으로 몸을 잘라도 금세 다시 붙어 버리죠. 2018년 우리나라 섬진강에서도 데이노코쿠스균이 발견됐어요. 한국에서 발견됐기에 데이노코쿠스 코렌시스라고 불려요.

남아프리카 공화국

음포넹 금광

펄펄 끓는 물이 솟구치는 남아프리카 공화국의 음포넹 금광 지하 2800미터 지점에서 세균들이 발견됐어요. 디설포루디스 오댁스비에이터라 이름 붙은 이 세균은 암석이 뿜어내는 황산염을 먹고 살아가요. 또 다른 세균, 파이롤로부스 퓨마리균은 113도에서 가장 활발하게 수를 늘리고 100도 아래가 되면 도리어 활동이 느려진답니다. 이런 세균들을 초고온성 세균이라고 불러요.

탄자니아

나트론 호수

나트론 호수는 탄산수소나트륨의 함량이 매우 높아요. 탄산수소나트륨은 단백질을 녹이고 피부를 부식시키기 때문에 동물들이 아차 하는 순간 숨을 거둔 채 그대로 미라가 되어 버린답니다. 이 호수는 붉은색으로 보이는데 바로 할로아케아균이 번성하고 있어서예요. 할로아케아는 짠 것을 좋아하는 고세균이란 뜻이에요.

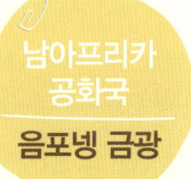

토론왕 되기!

똥도 약이 될 수 있을까?

많은 나라에서 장내 미생물이 든 건강한 사람의 똥을 약으로 쓰는 치료법이 시도되고 있어요. 똥 속에 든 유익균을 채취해 내시경을 통해 대장에 집어넣는데 최근에는 먹는 알약으로 발전 중이죠.

최근에야 이런 시도들이 이루어지는 건가?

사실 이 치료법은 이미 4세기 중국의 의서에 적혀 있을 만큼 오래됐어요. 유럽은 1697년 독일의 한 내과 의사가 《효과 좋은 쓰레기 요법》이라는 기발한 제목의 책을 통해 대변 이식 치료법을 널리 알렸지요. 그 후 항생제가 만들어지면서 사람들의 기억에서 멀어졌다가 항생제 내성균이 등장하면서 다시 주목을 받고 있어요.

흠, 무언가 특별한 게 있는 건가?

대변 이식 치료법은 항생제 내성균과 슈퍼 세균 때문에 치료할 수 없었던 C. 디피실리 세균에 의한 만성 설사병에 효과가 뛰어나다고 해요. 미국 식품 의약청은 2013년 5월 똥을 약물로 인정한다고 했지요.

하지만 똥을 먹는다는 사실 자체에 거부감을 느끼는 사람도 있을 것 같구나.

네, 맞아요. 하지만 대변 이식이라고 해서 다른 사람의 대변을 직접 환자에게 넣는 것은 아니니까요.

최근에는 항생제를 한 번도 쓴 적이 없는 사람의 장내 미생물을 직접 채집해 배양해서 약으로 쓰는 법이 연구된다는 걸 어디서 본 것 같아.

맞아요. 하지만 이런 흐름에도 불구하고 수많은 의사가 장내 미생물의 특징을 모두 파악하지 못한 상황에서 그걸 다른 사람에게 이식하는 것은 위험하다며 꺼리고 있어요.

그렇지. 다른 사람의 몸에 어떤 미생물이 있을지 모르니까.

하지만 연구는 계속해서 이루어질 거예요. 미국에서는 대변 은행을 운영해서 건강한 대변을 제공하는 사람에게 지원금을 주기도 한대요.

똥이 이런 식으로 사용될 줄은 꿈에도 몰랐어.

똥을 약으로 만들려는 시도를 어떻게 생각하는지 여러분의 생각을 적어 보세요.

초성 퀴즈

각각 무엇을 설명하고 있는지 초성 힌트를 보고 빈칸을 채워 보세요.

플레밍 박사가 발견한 최초의
항생제 이름은?

ㅍ ㄴ ㅅ ㄹ

힌트 미국의 학자들이 이 항생제의 대량 생산법을 먼저 찾아내면서 제 2차 세계 대전은 연합군의 승리로 끝이 났어요.

두 가지 이상의 항생제에 끄떡도 없는
세균을 부르는 이름은?

ㅅ ㅍ ㅅ ㄱ

힌트 항생제 내성균보다 더 강한 세균이에요.

정답 ❶페니실린 ❷슈퍼 세균

독사과를 먹은 미생물
누가 세균한테 내 마력 먹였어!
돌연변이 같은데요?
아무래도 흑마녀 님의 세포를 이용해서 마력을 먹는 기술을 익힌 것 같은데…….
맞아. 백신이 있잖아! 그걸 맞으면 백혈구들이 싸워 주겠지.
아뇨. 백신은 세균이나 바이러스가 내 몸속에 들어오기 전에만 효과가 있습니다.
거울아, 거울아. 알았으니까 네 마법으로 해결해.
귀찮은데…….
깨 버릴까?

아이고. 마력을 먹은 바이러스라
요상한 놈으로 변신했군.
이 땅의 미생물을
모조리 다 죽여 버리겠다!
맙소사.
사방에서
윤이 나는군요.

방 청소는 충분히 한 것 같으니 그만하죠.
무슨 소리! 이 성에 있는 미생물을 모조리 없앨 기회인데!
꼭 필요한 미생물도 있는데요. 후회하실 거예요.
후회는 무슨!
미생물을 모조리 다 없애 버리겠다!
맞다! 내 배 속에도 미생물이 득실거리지! 하지만 비타민을 만들고 섬유소를 분해하는 세균은 필요한데…….
뭐, 내가 만들었으니 알아서 나쁜 세균만 먹어 치우겠지.
독사과야. 가서 이 성에 있는 미생물을 모조리 파괴하렴.
요리 보고 저리 봐도 깨끗해. 미생물이 죄다 사라졌어!

우당탕탕탕!!
누가 이걸 안 치운 거야!
일부러 그런 게 아니에요. 음식물 쓰레기가 썩지를 않다 보니…….
탕!!
늑대라도 나타난 건가?
정원과 연결된 숲에서 들리는 소리 같네요.
시끄러워!
무슨 일로 총을 쏘아 대는 건데?
죽은 동물이 썩지를 않다 보니 늑대며 호랑이가 몰려들고 있어서요.
썩는다는 건 미생물이 저 모든 걸 먹어 흙으로 돌려보내는 겁니다. 그런데 성에 미생물이 하나도 없으니까요.

괜찮아! 쓰레기는 다 성 밖으로 버리면 돼.
그것참 사서 고생이네요.
내가 좋아하는 콩 샐러드는?
아, 그게 텃밭에서 키우던 콩들이 갑자기 말라 죽어 버려서요.
콩과 식물은 뿌리혹 세균이 만든 구슬을 달고 있거든요. 이 구슬은 식물에게 꼭 필요한 질소를 암모니아로 만들어 영양소 흡수가 잘되도록 도와주죠. 대신 콩과 식물은 미생물에게 산소와 영양소를 나누어 주고요. 이걸 '공생 관계'라고 부릅니다.
잘됐네. 샐러드보다는 케이크가 더 먹고 싶었거든.
맛있어! 이 나라의 여왕이 되길 잘했어.
아싸! 드디어 내 몸속 미생물을 죄다 없애 버렸나 봐.

독사과한테는 날씬하게
만들어 주는 세균이 나쁜 세균으로
보였나 보네요. 박테로이데테스는
식이섬유를 좋아해서 채소나
나물류를 자꾸 먹게 만든답니다.
감기에 걸린 것 같아.
살면서 한 번도
걸려 본 적 없는데.
쯧쯧. 독사과가 몸속 면역력을
떨어뜨렸나 보네요. 세균들이
혈관 속 백혈구와 함께 열심히
싸워야 하는데.
거울아, 거울아.
나 이제 어쩌지?
깨끗해서 너무
좋다면서요.
에
취!!
모든 미생물을
다 없애
버리겠다!
으악!
마녀 살려!!!!

4장

신통방통 미생물

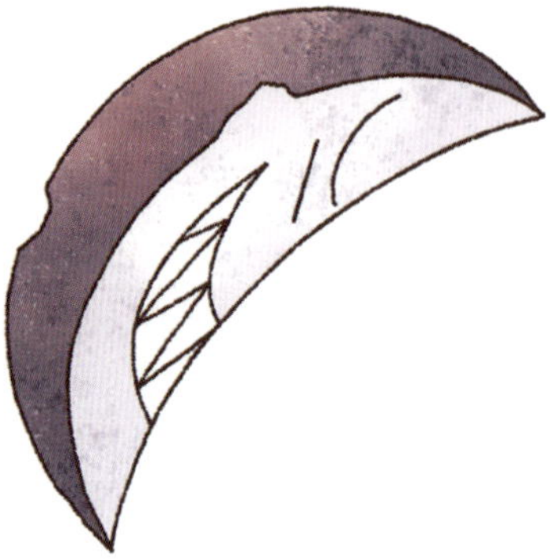

오징어가 번쩍번쩍!

온 사방이 보랏빛 점액질로 넘쳐났어요. 점액질에서 반짝거리는 독사과 세균들이 보였어요.

“먹자. 먹자. 먹어 치우자. 미생물을 모조리 먹어 치우자.”

다 같이 박자 맞추어 외치며 독사과 세균들은 점액질에 빠져 버둥거리는 사람들의 입속으로 밀려 들어갔어요.

‘어떡해! 저렇게 두면 큰일 날 거야!’

흑마녀는 마법진을 그리려 했지만, 온몸에 휘감기는 점액질 때문에 쉽지 않았어요. 그러는 사이 독사과 세균이 파도처럼 밀려오기 시작했어요.

"저리 가! 저리 가라고!"

흑마녀는 깜짝 놀라 입을 틀어막고 버둥거렸어요. 하지만 독사과 세균은 들은 척도 하지 않고 흑마녀의 몸속에 들어오려고 뱅뱅 돌았어요.

"이런! 아무래도 도움을 청해야겠군요."

점액질 때문에 꼼짝달싹 못하던 마술 거울이 힘겹게 손가락을 튕겼어요. 매끈한 거울 표면이 바다 위 수면처럼 일렁거리더니 엄지손가락만 한 오징어 떼가 튀어나왔어요. 번쩍번쩍!

놀랍게도 오징어가 빛을 뿜어내기 시작했어요.

빛이 점점 강해지자 사방이 하얗게 변했어요. 독사과 세균 눈에도 너무 밝아서 흑마녀가 보이지 않는지 그대로 지나쳐 버렸지요.

'대단해. 어떻게 이런 생각을 다 했지?'

흑마녀는 감탄하며 머리 위의 오징어를 올려다보았어요. 그러자 마술 거울이 히죽 웃으며 입을 열었어요.

"하와이산 짧은 꼬리 오징어의 몸속에는 '비브리오 피셔리'라는 빛을 내는 세균이 삽니다. 하와이에서는 투명 오징어라고 부르는데 세균이 지금처럼 빛을 뿜어내서 오징어를 잡아먹으려고 노리는 포식자로부터 숨겨 주거든요. 오징어는 세균에게 자신의 몸속을 집으로 내주고요. 비브리오 피셔리 또한 잡아먹으려 노리는 원생생물이 엄청 많거든요."

"그러니까 세균과 오징어가 목숨을 지키기 위해 공생을 한다는 거구나. 굉장한걸!"

흑마녀는 눈을 휘둥그레 뜨며 외쳤어요. 하지만 마냥 신기해하고 있을 때가 아니었어요. 오징어가 뿜던 빛이 점점 약해졌거든요.

"자, 어서 빠져나가죠."

마술 거울이 부르르 몸을 떨자 반질반질한 거울 표면이 마치 토끼 굴의 입구처럼 변했어요.

"우리만 도망가자고?"

흑마녀는 발버둥 치는 사람들을 보며 망설였어요. 하지만 마술 거울이 흑마녀를 마구 굴로 밀어 넣었어요.

"미생물은 영리해요. 단단한 포자를 만들어 그 안에 숨기도 하고 맹장에 달린 충수에 제 일부를 감추어 두기도 하죠. 그러니 이 독사과를 없앨 방법을 찾는 데 집중하세요!"

잠시 뒤 흑마녀는 굴속을 엉금엉금 기어 밖으로 빠져나왔어요. 서서 보니 성 앞 너른 초원이었어요. 기막히게도 먼지 한 톨 없는 하얀 성 대신 보라색 빛을 뿜는 거대한 독사과가 떡하니 놓여 있었어요.

"못된 세균 같으니라고!"

흑마녀는 분통이 터져 발을 굴렀어요.

"히야. 성을 통째로 삼켜 버리다니 진짜 무섭네."

마술 거울이 몸에 엉겨 붙은 점액질을 털어 내며 중얼거렸어요.

"내가 단박에 날려 버리겠어!"

흑마녀는 벌떡 일어서서 두 손을 모았어요.

우르릉 쾅쾅!

어마어마한 굉음과 함께 보라색 번개가 거대한 독사과에 내리꽂혔어요. 아주 멋지게 반 토막 나나 싶었지만, 황당하게도 번개는 금방 사라졌어요.

"말도 안 돼!"

흑마녀가 얼떨떨해하자 마술 거울이 한숨을 푹 쉬었어요.

살려 줘.
살려 줘요!
우리 좀 꺼내 줘요!
으악!

"마력 먹는 세균 덩어리인 독사과에게 마법이 통하겠습니까? 배만 더 불리겠죠."

마술 거울이 말을 채 끝내기도 전에 독사과가 강렬한 보랏빛을 뿜어내나 싶더니 쑤욱, 몸집을 두 배로 불렸어요.

"으악! 더 커지면 어쩌자는 거야!"

흑마녀는 선 자리에서 펄쩍 뛰며 머리를 쥐어뜯었어요.

그때였어요. 독사과 안에 갇힌 사람들이 내지르는 비명이 바람을 타고 또렷하게 들려왔어요.

"살려 줘. 살려 줘요!"

그러자 마술 거울이 얼굴을 찌푸리며 중얼거렸어요.

"사악한 마녀가 여왕이라고 할 때부터 어째 걱정스럽더라니."

흑마녀는 심장이 꽁꽁 얼어붙는 걸 느꼈어요.

갑자기 여왕이 된 뒤로 알뜰살뜰 자신을 챙겨 주었던 시종장이 떠올랐어요. 맛있는 빵과 간식을 만들어 주던 요리사 아줌마도 떠올랐죠.

그들 모두가 자신을 역시 사악한 마녀라고 원망할 것을 생각하니 무척 속이 상했어요.

'세상에서 가장 사악한 마녀를 위한 학교를 나왔다고 다 사악한 건 아닌데. 그러고 보니 미생물도 마찬가지구나. 내가 미생물을 모조리 없애겠다는 결정만 안 했어도 독사과 세균은 신통방통 세균이 됐을 거야.'

흑마녀는 속으로 중얼거리다 번뜩 좋은 생각을 떠올렸어요.

"혹시 아까 오징어처럼 미생물 덕분에 신통방통한 재주를 가지는 경우가 또 있어?"

"상당히 많죠. 그런데 왜요?"

"저 독사과 세균을 잡을 미생물 사냥꾼을 직접 만들어 보려고."

"으음. 흑마녀 님의 마술 실력으로 봐서는 사냥꾼이 아니라 괴물이 만들어질 거 같은데요."

마술 거울이 툴툴댔어요. 하지만 흑마녀가 잠자코 주머니에서 망치를 꺼내 들자 허둥지둥 손가락을 튕겼어요.

"자, 어서 가 보죠!"

전염병을 몰아낸 세균

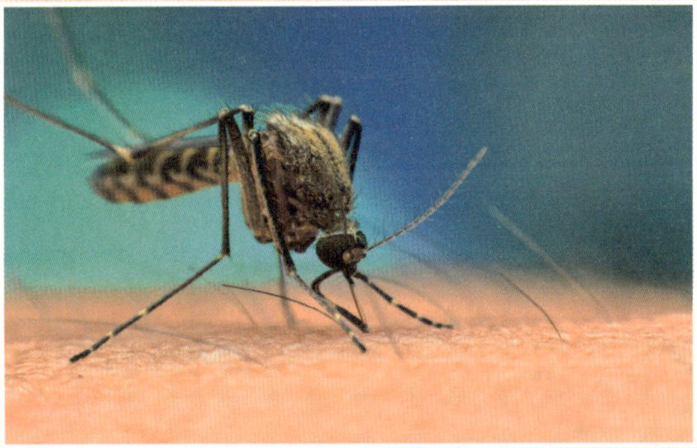

2011년 호주의 고든베일에서는 재미난 실험이 시작됐어요. 뎅기 바이러스를 옮기는 이집트 숲모기를 매일매일 잔뜩 날려 보내는 실험이었죠. 뎅기 바이러스는 치명적인 고열과 근육통, 두통을 불러오는 전염병인 뎅기열을 일으켜요. 매년 4억 명이 걸리는데 우리나라 또한 해마다 30명 정도의 환자들이 나오고 있어요. 하지만 뎅기열은 백신도 치료제도 없어서 환자의 면역력에 기댈 수밖에 없어요.

그 때문에 수많은 의사가 치료법을 찾아 고심하다 '볼바키아'라는 세균을 찾아냈어요. 볼바키아 세균은 세상 곳곳에서 흔하게 발견되는 세균인데 뎅기 바이러스가 힘을 못 쓰도록 꽁꽁 묶어 버려요.

이 점에 착안한 과학자들은 이집트 숲모기의 몸속에 볼바키아 세균을 넣은 뒤 날려 보낸 거죠. 이집트 숲모기는 다른 모기들에게 볼바키아 세균을 감염시켰고 그 결과 2011년 이후 고든베일에서는 뎅기열이 사라졌답니다. '뎅기열을 몰아내자'란 이름의 이 과학자 단체는 지금도 세상 곳곳에서 활약하고 있어요.

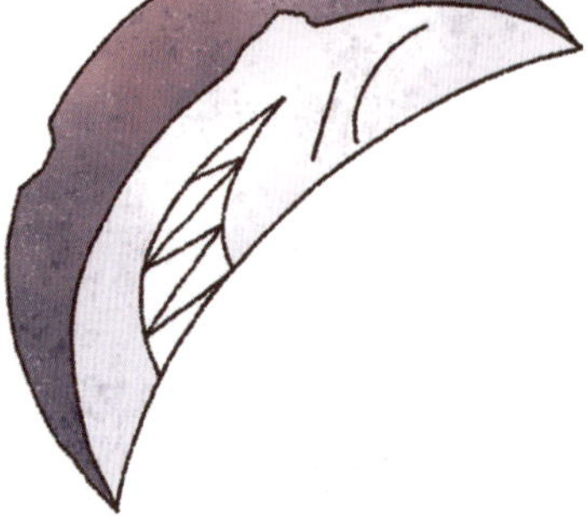

잘라도 멀쩡, 독을 먹어도 멀쩡

정신 차려 보니 흑마녀는 마술 거울과 함께 동그란 물방울 안에 들어가 있었어요. 눈앞에는 바닷속 세계가 펼쳐졌죠.

따뜻한 열대 바닷속처럼 형형색색의 물고기가 허공을 헤엄쳤어요.

물방울은 점점 아래로 가라앉았어요. 바다 밑바닥에는 돌돌 말린 지렁이처럼 생긴 흰색 벌레가 잔뜩 모여 살고 있었어요.

"잘라도 잘라도 몸이 재생되는 관벌레 '파라카테눌라'입니다. 몸속이 트로포솜이라는 세균으로 가득 차 있죠. 그 세균들이 바로 몸을 재생시키는 비결이고요."

"와, 대단한걸!"

마술 거울의 설명에 흑마녀는 반색했어요. 당장 파라카테눌라에게 세균을 나누어 달라고 말하려 했죠. 하지만 가만 보니 파라카테눌라에게는 눈도, 코도, 심지어 입도 없었어요.

"헉! 이 벌레는 어떻게 먹고 살아?"

"세균이 먹이를 만들어 배출하거든요. 그러다 보니 입이 퇴화한 거죠. 세균은 세균대로 관벌레의 몸속에서 안전하게 지내니 행복할 테고요."

마술 거울은 그렇게 대답하고는 팔을 쭉 뻗었어요.

쇠로 된 가느다란 팔은 물방울을 뚫고 밖으로 나가 관벌레의 몸을 반 토막 냈어요. 그러고는 얇디얇은 직사각형의 유리 조각을 토막 난 곳에 문질렀지요.

"자, 세균 채취 끝났습니다."

눈앞에 반 토막이 난 채 꿈틀거리는 벌레의 몸이 점점 자라나기 시작했어요. 황당하게도 꼬리가 쑥쑥 길어지나 싶더니 머리가 재생됐어요. 머리 쪽도 금세 꼬리가 생겨났지요. 상처는 다 아물어 버렸어요.

"세상에. 맙소사."

흑마녀가 입을 떡 벌리자 마술 거울이 손가락을 튕겼어요.

"다음으로는 독의 대가에게 가 보죠."

이제 흑마녀는 마술 거울과 함께 태양 빛이 쨍쨍 내리쬐는 황무지에 서 있었어요. 코앞에는 가느다란 가지뿐인 몸에 빼곡한 초록 잎을 달고

선 나무가 있었지요.

"윽, 매워."

흑마녀는 톡 쏘는 냄새에 코를 틀어막았어요.

"크레오소트란 이름의 이 나무는 독성 물질이 잔뜩 들어간 수지를 뿜어내거든요. 행여라도 사람이나 동물이 그 수지를 입에 넣었다가는 병원에 실려 갈 거예요."

마술 거울은 나무 아래를 유심히 살피더니 무언가를 발견하고 집어 들었어요. 흑마녀는 잔뜩 기대하며 바라보다 눈을 부릅떴어요.

"똥이잖아!"

"이곳에 사는 모하비 사막 숲쥐의 똥입니다. 1만 7000년 전부터 이곳에 살면서 먹을 게 이 크레오소트 관목뿐이라 몸속에 독성 물질을 분해하는 세균을 키우기 시작했죠."

마술 거울은 그렇게 말하며 똥을 건넸어요. 흑마녀는 울상을 지으며 손을 내밀었죠.

"그래. 똥에는 장내 미생물이 득실거린다고 했지? 그러니까 그 세균도 들어 있겠구나, 잔뜩."

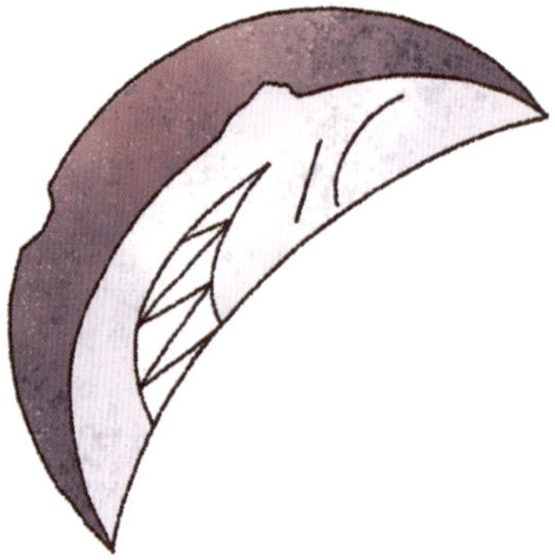

최강의 세균 사냥꾼, 박테리오파지

마술 거울은 웃지 않으려고 애를 쓰며 똥을 흑마녀의 손바닥에 떨구었어요.

“똥도 약으로 쓰는 세상이지 않습니까.”

그러자마자 흑마녀는 눈을 반짝이더니 조용히 주문을 외웠어요. 순식간에 똥이 작은 알약으로 변했어요.

“이게 뭔가요?”

마술 거울이 묻자 흑마녀는 씩 웃으며 알약을 내밀었어요.

“세균만 쏙쏙 뽑아 만들었어. 먹어 봐.”

“우웩!”

마술 거울이 구역질했지만, 흑마녀는 뻔뻔한 얼굴로 어서 먹으라는 시늉을 했어요. 마술 거울은 울상을 짓다가 순간 무언가 떠오른 듯 손가락을 튕겼어요.

"맞다! 그 녀석이 있었지!"

흑마녀는 배 속이 간질간질한 느낌을 받았어요. 왠지 기분이 이상해 배를 문지르는 순간 괴상하게 생긴 미생물이 모습을 드러냈어요.

"인간 몸속에 사는 위대한 세균 사냥꾼, 박테리오파지입니다."

마술 거울은 헤벌쭉 웃으며 마치 오징어처럼 몸통 아래에 달린 입에 알약을 들이댔어요.

흑마녀의 마법 노트

박테리오파지의 구성 요소

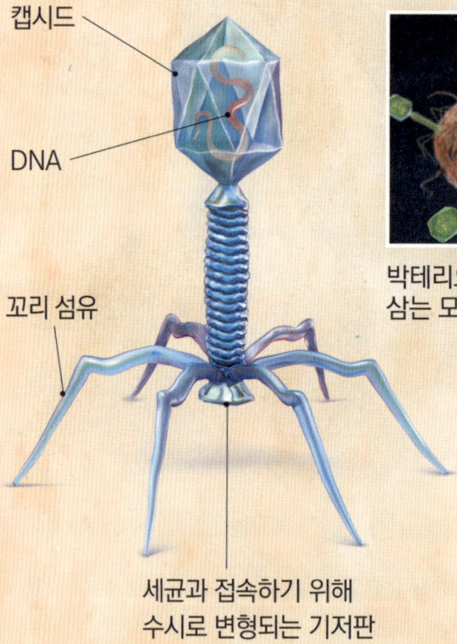

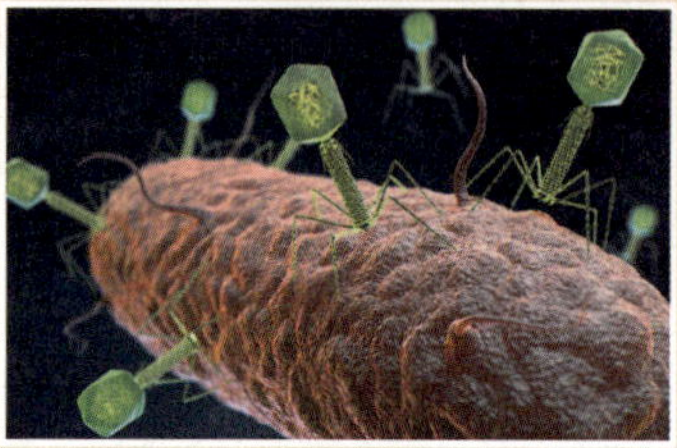
박테리오파지가 세균을 숙주 세포로 삼는 모습

박테리오파지는 '박테리아 포식자'라는 뜻입니다. 이름에 걸맞게 박테리오파지는 항생제에 내성을 가진 내성균을 효율적으로 제거하는 데 쓰이기도 합니다. 박테리오파지의 종류는 셀 수 없을 정도로 많기 때문에 특정 병원균의 천적인 파지를 찾는 것은 굉장히 쉬운 일이며, 파지는 유익균을 공격하지 않기 때문에 내성균을 효과적으로 제거할 수 있습니다.

"아까 보니까 독사과 세균의 세포막에는 수용체라 불리는 자물쇠가 달려 있더군요. 박테리오파지는 딱 맞는 열쇠를 만들 때까지 이 입과 같은 기저판을 수천, 수만 번 변형시키는 바이러스랍니다."

마치 기다렸다는 듯이 박테리오파지의 묘하게 생긴 입이 알약을 후루룩 빨아들였어요. 그러자 머리에 든 DNA 가닥이 활활 타올랐어요.

"독사과 세균은 나한테 맡겨."

흘러나오는 목소리는 다름 아닌 흑마녀와 똑같았어요. 흑마녀는 씩 웃었어요.

"아주 좋아. 이거 싸워 볼 만하겠는걸."

잠시 뒤 흑마녀는 마술 거울 그리고 박테리오파지와 함께 다시 성 앞 너른 초원으로 돌아왔어요.

그 사이 독사과 세균은 사람들의 미생물을 쪽쪽 빨아 먹은 탓인지 몸집이 더욱 불어나 있었죠. 게다가 마력이 더 강해졌는지 색깔도 강렬한 보랏빛으로 이글이글 타올라서 섬뜩했어요.

"가라! 가서 먹어 치워!"

흑마녀는 박테리오파지의 등을 떠밀며 외쳤어요. 박테리오파지는 훌쩍 날아올라 입을 쩍 벌리며 독사과 세균에 달려들었어요. 처음에는 몇 번 튕겨 나가나 싶더니 이내 박테리오파지의 입과 독사과 세균의 표면에 난 구멍이 딱 들어맞았어요. 다음 순간 박테리오파지 안에 든 DNA

가 쪽, 독사과 세균 안으로 기어서 들어갔어요.

펑!

독사과 세균의 표면이 들끓나 싶더니 엄청난 폭발음과 함께 박테리

오파지가 사방에서 튀어나왔어요. 막강해 보이던 독사과 세균이 사라지며 때가 타 회색이 된 성이 드러났어요.

흑마녀는 너무 기뻐 빙글빙글 춤을 추어 댔어요.

"이겼다!"

미생물 없이는 못 살아!

땅에 사는 꿀벌잡이노래기벌

땅속에 집을 짓고 사는 꿀벌잡이노래기벌은 더듬이에서 치약 같은 흰 분비물을 뿜어내요. 이 분비물에는 항생 물질을 분비하는 스트렙토미세스균이 잔뜩 들어 있지요. 꿀벌잡이노래기벌은 이 분비물을 애벌레를 키우는 방의 벽에 처덕처덕 바른답니다. 그 덕분에 애벌레의 방은 곰팡이도 세균도 자라지 않아요.

식물의 수액을 먹는 진딧물

진딧물은 식물에서 나오는 수액만 먹고 살면서도 건강해요. 그 이유는 진딧물의 몸에 사는 부크네라 아피디콜라균이 진딧물이 먹은 수액을 소화해 생존에 필요한 필수 아미노산을 만들어 내기 때문이에요. 진딧물은 부크네라 아피디콜라균에게 수액을 나누어 주지요.

풀을 주식으로 하는 양

사람을 비롯한 척추동물은 식물을 소화하지 못해요. 그 대신 장내 미생물이 이 일을 도맡아 하고 있지요. 그 때문에 풀을 주식으로 하는 양과 소는 엄청나게 다양한 장내 미생물을 가지고 있답니다. 심지어 미생물을 키우는 발효실까지 몸에 있어요. 장내 미생물들은 풀을 분해해 양과 소에게 무려 70퍼센트가 넘는 에너지를 공급해요.

나무를 먹는 흰개미

흰개미는 농사꾼처럼 나무에 곰팡이를 재배해요. 이 곰팡이는 나무를 먹기 좋게 잘게 분해한답니다. 흰개미는 그걸 먹어 치우는데 그러고 나면 뱃속에 사는 세균이 나무를 소화해 에너지를 제공하지요. 즉, 흰개미는 오로지 미생물 덕분에 먹고 살아요.

점박이 하이에나

하이에나는 취선에서 분비한 반죽을 초원 여기저기 뿌려 놓아요. 반죽에 들어 있는 미생물에서는 독특한 냄새가 풍긴답니다. 이건 다른 하이에나에게는 일종의 자기소개서나 다름없어요. 냄새를 통해 어느 무리에 속한 하이에나인지 나이는 어떤지 짝을 찾고 있는지 모두 알 수 있거든요.

어미 닭의 배설물을 먹는 병아리

갓 태어난 병아리는 어미 닭 뒤를 졸졸 쫓아 다녀요. 그러다 어미 닭이 싸 놓은 똥을 주워 먹지요. 그 똥에는 병아리에게 꼭 필요한 세균들이 잔뜩 들어 있어요. 특히 식중독을 일으키는 살모넬라균을 몰아내는 유익한 세균들이 많지요. 그래서 어미와 떨어뜨려 놓은 채 닭장에 갇혀 자란 병아리들은 쉽게 죽고 말아요.

모유는 과연 최고의 음식일까?

아기한테는 분유보다 모유가 더 좋다는 말이 있잖아. 이게 사실이야?

엄마의 모유에는 비피두스균이 들어 있어요. 비피두스균은 갓 태어난 아기를 각종 세균과 바이러스로부터 지켜 주지요. 게다가 엄마의 모유에는 올리고당도 잔뜩 들어 있는데 바로 비피두스균의 먹이가 되어요. 특히 아기가 태어난 뒤 처음 나오는 모유에는 올리고당이 평소의 두 배 넘게 들어 있어서 비피두스균을 살찌우죠.

그럼 아기들은 모유를 먹는 게 좋은 거네?

많은 의사가 아기에게 생후 24개월까지는 모유를 먹이는 것이 좋다고 말해요. 모유가 부족하거나 일 때문에 모유 수유가 어려운 엄마들을 위해 모유 은행을 운영하기도 하지요.

모유 은행? 그런 게 있단 말이야? 어떤 방식으로 운영되는 거지?

이곳에서는 모유를 기증받아 나쁜 세균과 바이러스를 없애는 저온 살균 처리를 한 뒤 원하는 사람에게 나눠 줘요. 물론 아무나 기증할 수는 없어서 의사로 구성된 심사위원에게 혈액 검사 결과를 내는 등 조건이 아주 까다로워요. 또한 기증받은 모유는 영하 20도에서 냉동하고 저장한 지 3개월이 지나면 무조건 폐기하게 되어 있지요.

관리를 열심히 하니까 상하거나 나쁜 세균이 생길 일은 없는 거네?

그런데도 2016년 모유 은행에 기증된 모유 중 10퍼센트에서 몸에 나쁜 세균이 검출됐어요. 엄마가 건강하지 못한 경우 모유에도 건강에 나쁜 세균이 있을 수 있지요.

뭐야, 그럼 모유도 몸에 안 좋을 수 있는 거잖아.

그래서 어떤 의사들은 모유의 영양 성분을 모두 담은 분유가 아기에게 더 좋다고 말하기도 하죠.

그러면 아기에게는 도대체 뭘 먹이는 게 좋은 거야? 으, 헷갈려!

여러분은 어떻게 생각하나요? 모유에 관한 여러 의견을 인터넷에서 찾아 검색해 보고 자신의 의견을 적어 보세요.

순서대로 그리기

박테리오파지가 독사과 세균을 무찌른 순서대로 그려 보세요.
어떤 모양이 되나요?

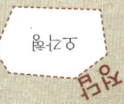

출발 도착

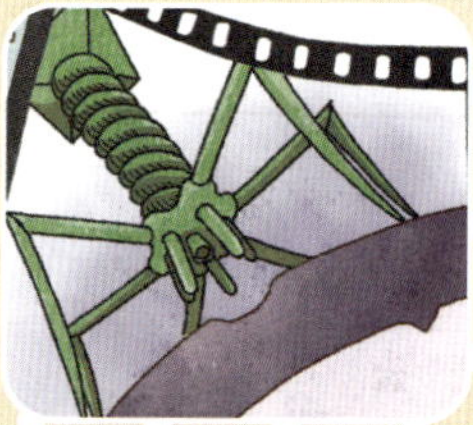

정답 오각형

5장

미생물은 맛있대!

미생물로 차린 식탁

독사과 세균이 사라진 성으로 들어서니 사방에서 끙끙 앓는 소리가 울려 퍼졌어요.

"당장 사람들의 미생물부터 되돌려 놓아야겠군요."

마술 거울이 손가락을 튕기자 사람들이 기운을 차리고는 얼떨떨한 얼굴로 자리에서 일어섰어요. 흑마녀는 안도의 한숨을 내쉬며 고개를 들어 허공을 가득 채운 박테리오파지를 바라보았죠.

"수고했으니 뭐든 말해 봐. 소원을 하나 들어줄게. 내 뱃속으로 돌아가고 싶지 않다면 널 사람으로 바꾸어 줄 수도 있어."

그러자 박테리오파지는 흑마녀 앞에 제 무리를 끌고 내려앉더니 너

털웃음을 터트렸어요.

“네 뱃속은 우리에게는 천국이야. 장내 미생물과 복닥거리며 사는 건 무척 즐겁다고.”

흑마녀는 왠지 멋쩍어졌어요. 단 한 번도 제 몸이 누군가의 행복한 집이 될 거라고는 생각해 본 적이 없었거든요.

“어, 그래. 그럼 지금 돌아갈 수 있도록 해 줄게.”

“그럼 고맙지. 근데 굳이 소원을 들어주겠다면 하나 있긴 해.”

박테리오파지의 말에 흑마녀가 귀를 쫑긋 세웠어요.

박테리오파지는 씩 웃더니 가느다란 허리를 숙여 흑마녀에게 소곤거렸어요.

"좋은 미생물이 가득한 음식을 잔뜩 먹어 줘. 그걸로 우리가 모두 잔치를 즐길 수 있게."

흑마녀는 기운차게 고개를 끄덕였어요.

"좋아. 내가 직접 만들어서 먹어 주지."

그렇게 외치고 난 뒤 흑마녀는 주문을 외웠어요. 순식간에 박테리오파지들은 먼지보다도 작아져 흑마녀의 뱃속으로 이동했어요. 흑마녀는 근질거리는 제 배를 두들기다 이내 고개를 갸웃거렸어요.

"그런데 그런 음식이 뭔지를 모르겠네."

그때였어요. 등 뒤에서 그립던 목소리가 들려왔어요.

"저희가 도와드리죠."

흑마녀가 깜짝 놀라 돌아보니 그곳에는 시종장을 비롯한 궁의 일꾼들이 줄줄 서 있었어요.

'다행이다! 모두 건강해 보여.'

흑마녀는 너무 기뻐서 달려가 시종장의 손을 와락 잡고 싶었지만, 위대한 마녀는 그럴 수 없어요. 그래서 웃는 얼굴로 위엄 있게 말했어요.

"좋아. 당장 준비해!"

잠시 뒤, 흑마녀는 마술 거울과 함께 주방으로 들어섰어요. 그곳에서는 요리사 아줌마가 열심히 밀가루에 물을 부어 반죽을 만들고 있었죠. 아무래도 만날 아침 식사 때마다 나오는 납작한 빵을 만들려나 봐요.

"오! 맛있겠다. 그런데 이 빵에 미생물이 들어가는 줄은 몰랐어."

흑마녀가 입맛을 다셨어요. 요리사 아줌마는 씩 웃으며 앞치마에서 작은 주머니를 꺼내 들었어요.

"이제 넣을 거예요. 그동안 마녀 님이 미생물을 너무 싫어하셔서 가지고만 있었거든요."

그러더니 주머니 안에 든 가루를 빵에 솔솔 뿌렸어요. 그런 뒤 반죽을 하자 시큼한 냄새가 나기 시작했어요.

"헉. 미생물이 마구 늘어나고 있어! 혹시 썩어 가는 거야?

흑마녀는 안경을 고쳐 쓰며 눈을 휘둥그레 떴어요. 마술 거울이 혀를 끌끌 찼어요.

"썩는 게 아니라 발효 중인 거예요. 사카로미세스 세레비시아라는 효모가 밀반죽에 든 당분을 먹고 알코올과 이산화탄소를 뿜는 거라고요."

"발효? 미생물은 정말 재주가 많구나."

흑마녀가 중얼거리고 있는데 요리사 아줌마가 그새 통통하게 부푼 빵 반죽을 나무판 위에 올렸어요.

"적당히 발효됐으니 이제 구우러 가 볼까요?"

그걸 듣고 향한 곳은 숯을 넣어 후끈하게 달아오른 화덕 앞이었어요.

"자, 보세요. 효모가 어떤 마법을 부리나."

요리사 아줌마는 그렇게 말하며 화덕 안에 빵 반죽을 얹은 판을 들이밀었어요.

잠시 뒤, 빵이 통통하게 부풀어 올랐어요. 노릇노릇해진 빵에서는 고소한 냄새가 풍겨 왔죠.

"굉장해!"

흑마녀는 참지 못하고 빵을 꺼내 보았어요. 배로 커진 빵을 반으로 가르자 김이 모락모락 피어올랐어요. 조금 잘라 입에 넣으니 만날 먹던 납작한 빵과는 전혀 다른 폭신한 식감이 느껴졌어요.

"맛있어! 발효라는 거 정말 맛있는 거구나!"

"아직 놀라기는 일러요. 제 보물 창고로 가 볼까요?"

요리사 아줌마는 흐뭇해하며 말하더니 걸음을 옮겼어요. 흑마녀는 부리나케 뒤를 따랐죠.

요리사 아줌마가 도착한 곳은 궁의 뒤쪽에 있는 보관 창고였어요. 문을 여니 입안에 침이 고이는 냄새가 솔솔 풍겨왔어요. 흑마녀는 후다닥 뛰어 들어갔지요. 마술 거울 역시 궁금한지 바짝 뒤쫓아왔어요.

잠시 뒤 눈이 어둠에 익숙해지며 창고 안에 놓인 것들이 보였어요. 가장 먼저 눈에 들어온 건 항아리였죠. 뚜껑을 열어 보니 하얀 요구르트가 가득 담겨 있었어요.

“여기도 세균이 가득해!”

흑마녀가 옆에 놓인 숟가락으로 요구르트를 크게 퍼서 입에 넣었어요.

"락토바실러스균이네요. 우유 속에 있는 유당을 소화해 젖산으로 만드는데 그러면 우유가 뭉근해지거든요. 바로 요구르트죠."

"아! 새콤해."

그러고 나니 이번에는 마녀 학교에서 즐겨 먹던 구멍이 숭숭 뚫린 에멘탈 치즈가 보였어요. 역시나 그 위에는 세균이 득실거렸죠.

"어디 보자. 테르모필루스균과 프로피온산균이네요. 테르모필루스는 치즈를 숙성시키고 프로피온산은 이산화탄소를 뿜어내 치즈에 구멍을 만들죠."

마술 거울이 아는 척을 했어요. 흑마녀는 손을 뻗어 치즈를 떼어 먹었어요. 진한 치즈 맛이 혀 위에서 춤을 추었어요.

"행복해."

마술 거울이 또 뭐라고 설명을 하려는 걸 본 흑마녀는 후다닥 뛰어나가며 외쳤어요.

"이럴 때가 아니야! 이 치즈랑 빵을 잔뜩 먹어야겠어. 요구르트는 후식으로 먹어야지."

요리사 아줌마가 눈을 휘둥그레 뜨며 마술 거울을 바라봤어요. 마술 거울은 황당해하며 얼굴을 구겼어요.

"이제 보니 먹보 마녀 님이셨네."

그러고는 둘 다 장단 맞춰 풋, 웃음을 터트렸지요. 그런 줄도 모르고

흑마녀는 식당으로 달려가며 콧노래를 불렀어요.

"내 뱃속 미생물들이 춤을 추네. 뚜르르. 사악한 마녀 학교를 나온 안 사악한 마녀 뱃속에서 뚜르르."

미생물이 일으키는 마법, 김치

세계적으로 1차 발효 식품은 수두룩하지만 2차 발효 식품은 매우 드물어요. 왜냐하면 많은 미생물이 일하기 때문에 자칫 잘못하면 썩어 버릴 수 있거든요. 유네스코 세계문화 유산으로 선정된 김장 과정에는 부패를 막기 위한 우리 선조들의 지혜가 듬뿍 녹아 있어요.

1차 발효

소금에 잘 절인 배추는 아삭아삭한 식감이 오래도록 유지돼요.

1. 절이기

1. 배추 다듬기
2. 밑동에 칼집 넣어 반으로 쪼개기
3. 천일염을 이용해 절이기
4. 깨끗이 씻어 물기 빼기

Q 천일염을 뿌리는 이유?

흔히 굵은 소금이라 불리는 천일염은 좋은 젖산균이나 효소가 번식하기 쉬운 환경을 만들고 잡균의 번식을 막아요. 또한 일반 소금보다 나트륨 함량은 낮고 칼륨 함량은 높답니다.

2. 소 넣기

1. 다진 마늘과 생강, 무와 대파, 쪽파, 갓 등 다양한 부재료를 알맞은 크기로 썰기
2. 준비한 재료에 새우젓과 고춧가루를 넣고 버무려 소 만들기
3. 준비한 소를 배추 잎사귀 사이사이에 펴 바르기
4. 김치를 담은 용기 위에 배추 겉잎 몇 장을 촘촘하게 덮어 주기

Q 재료 중 꼭 들어가야 하는 건?

세계김치연구소의 연구 결과에 따르면 배추와 마늘에서 유래한 젖산균인 락토바실러스와 와이셀라 시바리아가 김치 발효에 아주 중요하대요.

2차 발효

오직 잘 익은 김치에서만 발견되는 젖산균은 류코노스톡 젤리둠, 와이셀라 코리엔시스, 락토바실러스 사케아이에요.

3. 숙성하기

숙성 초기에는 다양한 잡균이 번식해요. 숙성 중기가 되면 젖산균이 많아지면서 유기산을 만들어 내요. 유기산은 김치의 잡균 번식을 막아 내고 알코올과 에스테르를 뿜어내 김치 특유의 상쾌하고 새콤한 맛을 만들어요.

Q 김치를 전용 냉장고에 보관하거나 땅에 묻는 이유?

김치 속 미생물은 4~5도의 저온에서 가장 알맞은 속도로 번식해요. 만약 온도가 높으면 김치에서 군내가 나고 온도가 너무 낮으면 물러 버린답니다.

토론왕 되기!

미생물의 맹활약과 슈퍼 해충

미생물의 다양한 분해 능력은 오늘날 다양한 곳에 이용되고 있어요. 빵과 포도주를 만드는 효모를 이용해 옥수수와 유채꽃에서 자동차 연료인 바이오 에탄올을 만들어 내지요.

미생물은 정말 다양한 곳에서 쓰이고 있구나.

도시의 더러운 물을 정화하는 하수 처리장에서 맹활약하는 것도 미생물이에요. 도로를 덮고 있는 콘크리트를 보수하는 데 탄산칼슘을 만들어 내는 미생물을 쓰기도 한대요.

정말 놀랍군.

심지어 항생 물질을 뿜어내는 토양 세균의 유전자를 주입한 옥수수까지 탄생했지요. 벌레가 이 옥수수를 먹으면 죽기 때문에 굳이 농약을 칠 필요가 없어졌어요. 당연히 수확량 또한 엄청나게 올라갔어요.

그런데 과연 이런 변화가 좋기만 한 걸까? 인위적으로 생태계에 손을 대면 분명 또 다른 문제가 생길 것 같아.

이제야 좀 흑마녀 님과 말이 통하는군요.

뭐? 깨지고 싶다고?

아프리카를 비롯한 많은 나라에서는 이런 옥수수의 탄생을 환영했지만, 학자들의 경고도 이어졌지요.

어떤 문제가 발생했지?

옥수수를 먹어 치우던 벌레들의 몸속에 든 세균이 변이를 일으켜 슈퍼 해충이 탄생할 가능성이 있었지요. 이런 걸 두고 유전자 오염(genetic pollution)이라고 해요.

유전자 오염? 이름만 들어도 위험해 보이는군.

유전자 오염은 살아 있는 생명체가 어떻게 움직일지, 번식하고 성장하면서 어떤 변화를 일으킬지 모르기 때문에 상당히 위험해요.

그렇다면 이런 방식은 아직까지는 안전하지 않다는 거네.

유전자 오염은 한번 일어나면 돌이킬 수 없기 때문에 생태계 전체를 위협할 수 있어요. 여러분은 유전자 오염에 대해 어떻게 생각하나요? 의견을 적어 보세요.

단어 유추하기

제시한 단어를 보고 무엇에 대한 설명인지 알아맞혀 보세요.

- 락토바실러스균
- 우유
- 유당
- 젖산

- 테르모필루스균
- 프로피온산균
- 이산화탄소
- 구멍

정답

요구르트 / 에멘탈 치즈

어려운 용어를 파헤치자!

효모 자낭균류에 속하는 균류. 엽록소가 없는 단세포로 이루어진 원형 또는 타원형의 균류로, 경제적으로 중요한 균류이다. 식품 제조 시 발효와 부풀리기에 이용하며 주로 술이나 빵을 만드는 데 많이 쓴다.

분신 하나의 주체에서 갈라져 나온 것.

옥좌 임금이 앉는 자리. 또는 임금의 지위.

오존층 오존을 많이 포함하고 있는 대기층. 지상에서 20~25km의 상공이며 인체나 생물에 해로운 태양의 자외선을 잘 흡수하는 성질이 있다.

혐기성 산소가 없는 조건에서 생육하는 성질.

백신 전염병에 대하여 인공적으로 면역을 주기 위해 생체에 투여하는 항원의 하나. 생균에 조작을 가하여 독소를 약화시키거나 균을 죽게 하여 만든 주사약으로 자가 백신, 다가 백신 따위가 있다.

항생 두 종류의 미생물을 같은 배지에서 배양할 때, 한쪽 미생물이 다른 쪽 미생물의 생육을 억제하는 현상.

증식 늘어서 많아짐. 또는 늘려서 많게 함.

증기 기관 수증기의 열에너지를 일로 바꾸는 기계.

발효 효모나 세균 따위의 미생물이 유기 화합물을 분해하여 알코올류, 유기산류, 이산화탄소 따위를 생기게 하는 작용으로 술, 된장, 간장, 치즈 따위를 만드는 데에 쓴다.

알아 두면 좋은 미생물 관련 사이트

생물자원센터 https://kctc.kribb.re.kr

생물자원센터는 생물자원의 효율적 활용을 위해 분양 서비스를 실시하고 있습니다. 일반 미생물, 동 · 식물 세포주의 분양 신청은 생물자원센터 홈페이지를 통한 인터넷으로 신청하시면 됩니다. 또한 생물 자원의 국제적 협력의 강화에도 힘쓰고 있습니다. 국제 협력 네트워크의 강화를 통해 전문 인력을 육성하고 MAT 실시에 대비하고 있으며, 국외의 생물 자원을 확보하는 데도 활용하고 있습니다.

한국미생물학회 https://www.msk.or.kr/html/?pmode=introduce

한국미생물 · 생명공학회, 대한바이러스학회와 함께 한국미생물학회연합(FKMS)을 구성하여 보건, 환경, 에너지, 식량 등 미생물과 직접적으로 관련된 다양한 사회적 이슈에서 함께 목소리를 내면서 우리나라의 과학 정책 수립에도 이바지하고 있습니다. 특히, COVID-19 팬데믹 시기에는 막연한 두려움과 불안함을 불식시키기 위해, 보다 빨리 일상으로 복귀할 수 있도록 더 적극적으로 활동하고 있습니다.

한국생명공학연구원 https://www.kribb.re.kr/kor/main/main.jsp

한국생명공학연구원은 우리나라 대표 바이오 분야 전문 연구 기관입니다. 국내 · 외 연구 거점 마련, 기초 원천 연구, 인프라 구축, 바이오 생태계 조성 등을 통해 국가 생명과학기술 혁신과 바이오산업 발전을 선도해 왔습니다. 또한 감염병, 노화, 기후 · 환경 변화 등 국민 생활 문제 해결을 위한 바이오 핵심 기술 개발에 매진해 왔습니다.

미국 국립생물공학정보센터 https://www.ncbi.nlm.nih.gov

미국 국립생물공학정보센터(National Center for Biotechnology Information, NCBI)는 미국 보건성 산하 국립의학도서관의 운영 분야 중 하나입니다. 현재 각종 생명공학 정보들을 담고 있으며, 이 모든 정보들은 검색 엔진을 이용하여 온라인으로 열람할 수 있습니다.

신나는 토론을 위한 맞춤 가이드

『바글바글 와글와글 작지만 강한 미생물』을 통해 미생물에 대해 잘 이해했나요? 우리 주변에 흔히 있는 미생물을 알면, 과학과 문화가 새롭게 다가올 거예요. 이제 마지막 단계인 토론을 잘하려면 올바른 지식과 다양한 정보가 뒷받침되어야 해요. 책을 다 읽고 친구 또는 부모님과 신나게 토론해 봐요!

잠깐! 토론과 토의는 뭐가 다르지?

토론과 토의는 모두 어떤 문제를 해결하기 위해 의견을 나누는 일입니다. 하지만 주제와 형식이 조금씩 달라요. 토의는 여러 사람의 다양한 의견을 한데 모아 협동하는 일이, 토론은 논리적인 근거로 상대방을 설득하는 일이 중요합니다. 토의는 누군가를 설득하거나 이겨야 하는 것이 아니기 때문에 서로 협력해서 생각의 폭을 넓히고 좋은 결정을 내릴 때 필요해요. 반면 토론은 한 문제를 놓고 찬성과 반대로 나뉘어 서로 대립하는 과정을 거치지요. 넓은 의미에서 토론은 토의까지 포함하는 경우가 많습니다. 토론과 토의 모두 논리적으로 생각 체계를 세우고, 사고력과 창의성을 높이는 데 도움을 준답니다.

토론의 올바른 자세

말하는 사람

1. 자신의 말이 잘 전달되도록 또박또박 말해요.
2. 바닥이나 책상을 보지 말고 앞을 보고 말해요.
3. 상대방이 자신의 주장과 달라도 존중해 주어요.
4. 주어진 시간에만 말을 해요.
5. 할 말을 미리 간단히 적어 두면 좋아요.

듣는 사람

1. 상대방에게 집중하면서 어떤 말을 하는지 열심히 들어요.
2. 비스듬히 앉지 말고 단정한 자세를 해요.
3. 상대방이 말하는 중간에 끼어들지 않아요.
4. 다른 사람과 떠들거나 딴짓을 하지 않아요.
5. 상대방의 말을 적으며 자기 생각과 비교해 봐요.

체계적으로 생각하기

콜레라를 옮긴 범인은 누구일까?

1854년 영국 런던에서는 끔찍한 설사와 복통을 일으켜 사람들을 죽음으로 몰고 가는 콜레라균이 기승을 부리고 있었어요. 의사 존 스노우는 병의 원인을 찾기 위해 사망자가 발생한 위치를 지도에 표시해 보았어요.

증거1

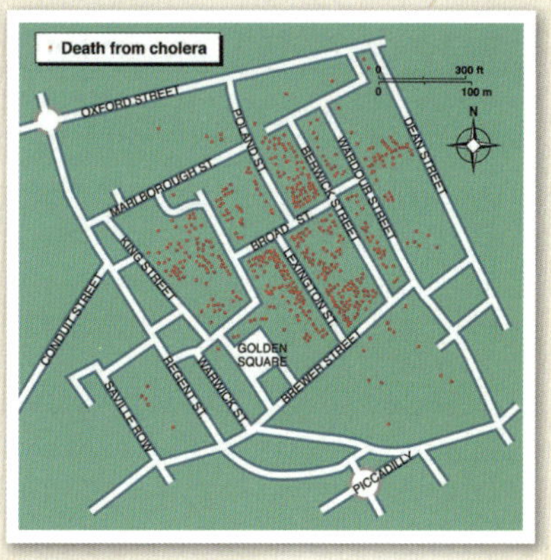

의사 존 스노우는 빈민가를 제외하고는 콜레라 사망자가 적다는 사실에 주목했어요. 원인을 찾기 위해 각종 지도를 들여다보던 중 물 펌프 위치가 표시된 지도가 눈에 들어왔어요.

증거2

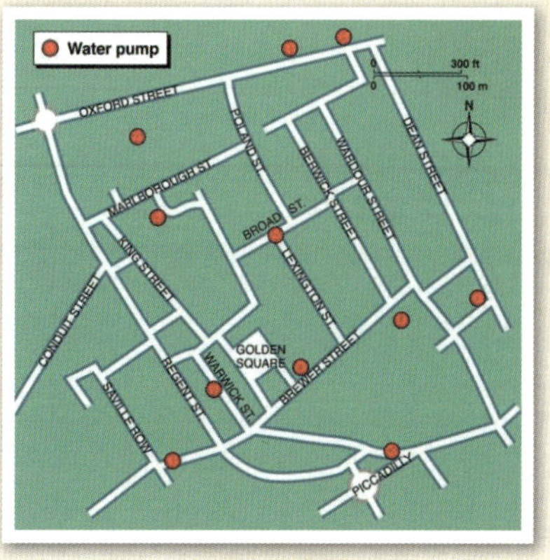

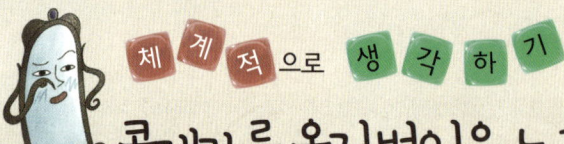

지도출처: https://www.nationalgeographic.org/activity/mapping-london-epidemic/

1. 증거1과 증거2로 미루어 보아 알 수 있는 사실은 무엇인가요?

2. 콜레라균은 어떻게 사람들 사이에서 전파된 걸까요?

힌트 존 스노우는 이것의 손잡이를 떼 버렸고 콜레라 환자가 급격히 줄었어요.

논리적으로 생각하기 1

씨간장의 비밀

2017년 미국 대통령 방한 맞이 국빈 만찬 식탁에 올라간 '360년 된 씨간장으로 구운 한우 갈비구이'가 화제가 됐어요. 외신에서는 '미국보다 오래된 간장이 메뉴로 제공됐다'라고 소개하기도 했답니다. 이런 간장의 비밀에 관해 다음 기사를 읽고 생각해 보세요.

간장은 발효 기간에 따라 다양한 이름이 있다. 막 담근 새 간장은 햇간장, 1~2년 정도 숙성시킨 간장은 청간장, 3~4년 된 간장은 중간장, 5년 이상 묵힌 간장은 진간장이라 한다. 진간장 중에서도 가장 맛이 좋은 것을 골라 오랫동안 유지해온 간장이 바로 '씨간장'이다.

(xx경제 기사)

씨간장을 오랜 세월 지켜낸 가장 중요한 비밀은 바로 '겹장'이다. 씨간장을 그대로 두기만 해서는 오랫동안 보관하기 어렵다. 사용한 만큼 양이 줄어들고, 자연스럽게 수분도 날아가기 때문이다. 조상들은 씨간장을 오래 간직하기 위해 햇간장을 조금씩 첨가하는 '겹장' 방식으로 균일한 맛을 지켜냈다.

(xx일보 기사)

콩을 발효하면 자연의 미생물들이 콩을 분해하는 과정에서 여러 가지 효소를 분비한다. 단백질분해효소, 전분분해효소, 지질분해효소, 섬유소분해효소가 대표적인 예다. 우리 전통 간장에서 나타나는 특유의 맛이나 향 역시 고초균이 분비하는 효소에서 비롯된다. 고초균은 공기, 땅 등에 널리 존재하지만 몸에 해를 끼치지 않는 효소다.
이 효소는 뜨거운 열을 가해 달이면 사멸한다. 하지만 시간이 지나면 다시 포자를 형성하면서 되살아난다. 적절한 환경이 되면 포자가 다시 효소를 분비한다. 씨간장도 마찬가지다. 맛과 향이 풍부해지는 이유는 씨간장의 포자형성균으로 생존한 발효 미생물 때문이다. 그래서 장의 달임 공정 이후 수십 년, 수백 년의 시간이 지나도 끄떡없이 그 깊은 맛이 유지된다.

(xx경제 기사)

1. 조상들이 '겹장' 방식을 이용한 이유가 무엇인지 정리해 보세요.

2. 씨간장에 햇간장을 섞어도 맛이 변하지 않는 이유에 대해 정리해 보세요.

논리적으로 생각하기 2

비만도 전염될 수 있을까?

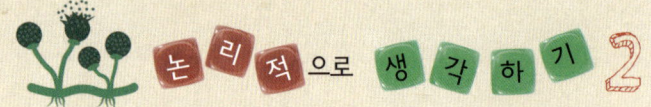

2016년 5월, 영국 일간지 〈데일리 텔레그래프〉에는 '비만도 전염될 수 있다'라는 기사가 실렸어요. 저명한 과학 저널 〈네이처〉에 실린 두 편의 논문 때문이었죠. 다음 기사를 읽고 그 이유에 대해 생각해 보아요.

과학 저널 〈네이처〉에 수록된 논문에 따르면 인체의 내장에 있는 박테리아 중 일부가 사람 사이에 옮겨다닐 수 있어 이를 통해 비만이나 염증성 장질환 등이 전염될 수 있다. 〈네이처〉는 인체 내장의 박테리아 중 3분의 1이 일종의 홀씨를 생성해 공기 중에 생존할 수 있고, 이를 다른 사람이 흡입하면 장내 균의 균형을 무너뜨려 질병을 일으킬 수 있다고 전했다. 이번 연구는 장내 미생물이 공기 중에서도 살아남아 다른 사람들에게 전염될 수도 있다는 것을 보여 준다.

(xx경제 기사)

인체 내 미생물이 대중적 관심을 끈 데에는 2011년 유럽분자생물학연구소 연구팀의 논문이 큰 구실을 했다. 사람의 '체질'이 우리 몸에 사는 장내 미생물의 군집 종류에 따라 달라진다는 게 연구의 요지였다. 과학저널 〈네이처〉에 발표된 이 연구에서, 연구팀은 장내 미생물 군집을 몇 가지 유형으로 나누어 유형에 따라 체내 대사에 작용하는 물질의 분해 정도가 달라진다는 것을 관찰했다. 같은 영양분을 흡수해도 탄수화물 분해를 잘하는 유형이 있고, 당분 흡수를 잘해 비만이 될 가능성이 높은 유형도 있다는 것이다. 그렇다면 한번 정해진 체질은 평생 가는 걸까? 유럽 연구팀의 후속 연구를 보면 오랜 식습관이 장내 미생물의 유형을 결정할 수 있다고 한다. 연구팀은 탄수화물, 지방, 아미노산, 콜린, 식물성 섬유 등을 섭취하는 경향에 따라 미생물 군집이 달라질 수 있음을 밝혀냈다. 한마디로 먹는 것과 장내 미생물의 분포, 그리고 체질은 연관이 있으며 후천적으로 바뀔 수 있음을 보여 준 것이다.

(xx경제 기사)

1. 비만도 전염될 수 있다는 가설은 어떻게 만들어진 걸까요? 두 개의 기사를 조합해 적어 보세요.

2. 현재까지 밝혀진 바에 따르면 세 살이 지나면 체질을 결정하는 장내 미생물의 종류는 거의 바뀌지 않는다고 해요. 즉, 외부에서 들어오는 미생물의 영향을 거의 받지 않는다는 뜻이죠. 이 사실을 참고하여 위의 가설을 반박해 보세요.

창의력 키우기

나만의 미생물 만들기

미생물 연구를 위해 과학자들은 가상 미생물(Cyber cell)을 만들어 다양한 실험을 진행하고 있어요. 보통 미생물의 재주를 실험하기 위해서는 놀랍도록 빠르게 번식하는 세균의 특성상 수천 수만 세대를 만들어 내야 해요. 하지만 컴퓨터상에서는 단 하루만에 그 작업이 가능하지요.

자, 여러분이 만약 미생물학자라면 어떤 가상 미생물을 키워 보고 싶나요? 여러분만의 미생물을 그려 보고 미생물이 가진 재주를 적어 보세요.

예시 답안

콜레라를 옮긴 범인은 누구일까?

1. 콜레라 사망자가 가장 많이 발생한 장소와 물 펌프가 위치한 지점이 겹친다. 그러므로 물 펌프가 원인이다.
2. 세균은 손을 통해 퍼져 나간다. 따라서 물 펌프의 손잡이에 묻은 세균 때문에 퍼져 나갔을 것이다.

씨간장의 비밀

1. 씨간장을 그대로 두기만 해서는 오래 보관하는 것이 어렵기 때문에 햇간장을 조금씩 첨가하는 겹장 방식으로 씨간장의 균일한 맛을 지켜냈다.
2. 씨간장에 들어 있는 고초균이 햇간장과 섞인 뒤 다시 포자를 형성하고 효소를 분비하면서 깊은 맛이 유지된다.

비만도 전염될 수 있을까?

1. 당분을 좋아하는 장내 미생물이 홀씨를 생성해 공기 중에 떠다니다가 다른 사람의 몸속으로 들어가 비만 체질로 만들 수 있다는 연구 결과가 나왔다.
2. 장내 미생물의 종류가 바뀔 정도의 변화가 있으려면 비만을 일으키는 미생물이 들어와 나의 식습관을 완전히 바꾼 뒤 오랜 시간 지속되어야 한다. 그러므로 비만에 전염되는 건 상당히 어렵다.